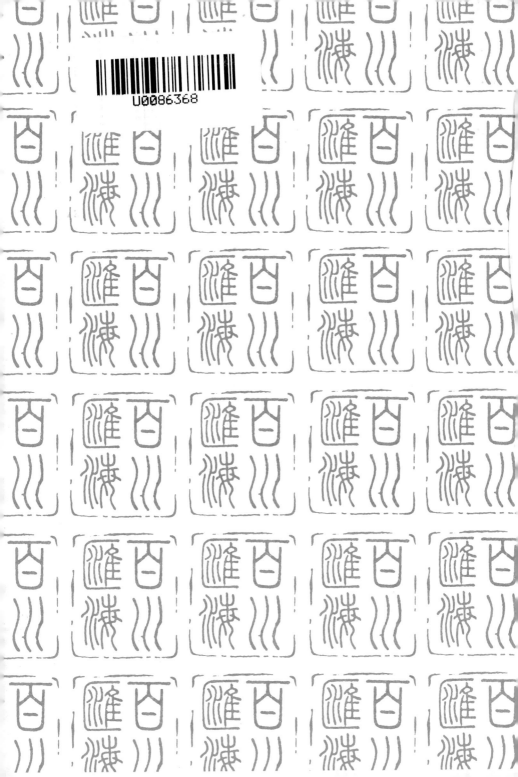

陶百川全集(三)

爲民主呼號

三民書局印行

國立中央圖書館出版品預行編目資料

為民主呼號／陶百川著.--初版.--臺北市：三民，民81
面；　公分，--(陶百川全集；3)
ISBN 957-14-1855-2（精裝）

1. 中國-政治與政府-論文，講詞等

573.07　　　　81000862

© 為民主呼號

著者　陶百川
發行人　劉振强
出版者　三民書局股份有限公司
印刷所　三民書局股份有限公司
地址／臺北市重慶南路一段六十一號
郵撥／〇〇九九九八－五號
初版　中華民國八十一年四月
編號　S 57070
行政院新聞局登記證局版臺業字第〇二〇〇號

ISBN 957-14-1855-2（精裝）

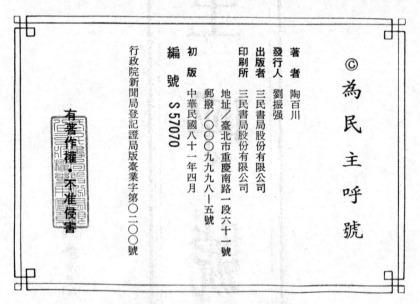

本書編讀指引

這個「呼號」特輯十四册，包含五個主題：第一個是現代國家的立國之道——自由、民主和法治。這三者形成連環，環環相扣，缺一不可。這是說，自由是民主的和法治的自由；民主是自由的和法治的民主；而法治是自由的和民主的法治。因爲如果沒有民主，而處在專制獨裁之下，自由當然不能想像，如果沒有法治，也將如羅蘭夫人所嘆：天下許多罪惡將假自由之名而行。民主而沒有自由或法治，也會像自由之徒託空言。至於法治而無自由或民主，則是暴政或惡法，縱或有利於統治，但必不利於人民。

第二個主題是人權，包含人權保護和洗寃白謗兩部分。本集著者陶先生擔任多年監察委員，而且痌瘝在抱，長時間爲人民打抱不平，所以本書內容很充實。

第三個主題是改革開放，共有三書，於改革開放外，也論到造勢圖強和溝通安和。

第四個主題是政風社風，包含公義私德，端正政風，整肅官箴以及遏止圖利。

第五個主題是國家統一，首先是呼號兩岸共存，進一步規劃三聯統一。本集著者年來擔任國家統一委員會委員，用力很勤，所以在這兩書外還著有《臺灣經驗統一大道》可供參閱。

為民主呼號 目錄

國民黨的民主傳統

民主前鋒國民參政會述評

臺灣民主發展維艱

為增選中央民代呼號

為國會全面改選呼號

增修憲法方式問題

憲政改革須務實又務本

國民黨的民主傳統

孫中山先生論政黨政治

剛才王世憲先生談到在國民黨的文告裏，很少提到「政黨政治」字樣，但我以爲也不難在國民黨的歷史文獻上找到理論根據。這種根據一找便可以找到，那就是孫中山先生的遺教。我在裏面找到了幾段話，他講得實在太好了，眞是非常的透澈，非常的誠懇。現在我向諸位讀一下中山先生「政黨之要義在爲國家造幸福爲人民謀樂利」（民國二年三月一日在國民黨東京支部廣東同鄉會聯合歡迎會演講）的話。他說：「橫覽全球，無論爲民主共和國，爲君主立憲國，莫不有政黨。黨之用意，彼此助政治之發達，兩黨互相進退，得國民贊成多數者爲在位黨，起而掌握政治之權。國民贊成少數者爲在野黨，居於監督之地位，研究政治之適當與否。凡一黨秉政，不能事事皆臻完善，必有在野黨從旁觀察以監督其舉動，可以隨時指明。國民見在位黨之政策不利於國家，必思有以改弦更張，因而贊成在野黨之政策者必居多數。在野黨得多數國民之信仰，卽可起而代握政權，變而爲在位黨。蓋一黨之精神才力，必有缺乏之時；而世界狀態，變遷無常，不能以一種政策永久不變；必須兩黨在位在野互相替代，國家之政治方能日有進步。一黨新得國民信仰，起而在位，以一番朝氣而促政治上之改良，其所收得之功效，各國均有確據。今日講到民權更不能不要政黨，無政黨則政治必愈形退步，將呈江河日下之觀：流弊所及，恐不能保守共和制度。」

這一段話，講得十分深切著明，眞是「天下爲公」的襟懷。而且孫中山先生也料想到，有了政黨，一定會有政爭，說是競爭也好，鬥爭也好，總是難免。他的見解也很高明。他在同一次演講中說：「至於黨爭亦非不美之事，旣有黨不能無爭。但黨爭須在政見上爭，不可在意見上爭。爭而出於正當，可以福民利國；爭而出於不正當，則遺禍無窮。兩黨之爭，如下棋然。譬如二人對奕，旁觀者分爲兩組，按照著棋一定之規則，各相照護，不用詭謀以求自己之勝利，祇以正大之方法相對待；假使手段不高，眼光不大，以致失敗；敗而出於正當，則勝者固十分滿足，敗者亦甘心不悔。卽旁觀照護之人，初助此方，繼助彼方，亦未爲不可，祇須用正當之方法，不用詭謀。政黨亦然，他黨之宗旨與自己之宗旨不相符合，因而不贊成他黨，一心護持本黨，求本黨之勝利。其求勝利之方法，須依一定之法則，不用奸謀詭計，是之謂黨德。如但求本黨之勝利，不惜用卑劣行爲，不正當手段，殘害異黨，以弱本黨之敵，此種政黨，絕無黨德。無黨德之政黨，聲譽必墮地以盡，國民必不能信任其政策，何能望其長久存在呢？」

政黨政治是世界潮流

現在我們用中山先生在民國二年講的這個道理來評鑑今天世界各國的政治發展，看他講的是否正確。請以最近半年五個國家所舉辦的五次重大的選舉來作證。

最先是去年十月西德的選舉，西德現在有十二個政黨，其中四個主要政黨分爲兩個陣營互相競爭，一個是由現在執政的斯密特所領導的民主黨集團，另外一個是由史特勞斯所領導的基督教社會黨聯盟。雙方的競爭可以說是勢均力敵，但斯密特棋高一著，因此，在朝黨仍繼續掌握政權。至於其他八個小黨對大黨尚不構成威脅。

第二個是美國十一月的大選。大家都知道，那是共和與民主兩黨競爭的天下，但如果我們查一下美國一九七六年大選的紀錄（卡特當選的那一次），在全國五十個州選舉票上列有總統候選人的有三個黨，除了共和、民主二黨之外，還有自由黨，其他未在五十州，僅在某一州或數州選舉票上列有總統候選人的，居然也有小黨十一個之多。因此，可以說美國是有十四個黨的政黨政治。

第三個是我們中華民國十二月份的選舉。那時李幼椿先生正好回臺，青年黨和民社黨的政治興趣也被鼓舞起來，參加競選，結果還是執政的國民黨佔了大部分的勝利。這表示一個大黨有其深厚的潛力，不必怕幾個小黨。

第四個是新加坡的大選，也是在十二月舉辦的。李光耀領導的人民行動黨，自戰後獨立以來，一直就掌握政權，但是新加坡現在仍有八個政黨。人民行動黨雖是一黨獨大，但其他七個小黨在選舉人票中也佔了百分之三十，可是對大黨並不構成威脅。

第五個選舉是我印象最深刻的，就是南韓今年二月舉行的總統選舉人大選。以全斗煥那樣用革命手段取得政權，把憲法廢止了，把國會解散了，把政黨也全解散了，他大可以獨斷獨行。可是不然，韓國的新憲法已經頒佈，黨禁也已解除，現在向韓國中央選舉委員會登記成立的新政黨，共有十七個之多。不但以前的政黨都紛紛復活，還有人另組新黨。這次共有四個政黨提出候選人，除全斗煥的民主正義黨之外，其他三黨也得了相當多的票數，而其餘十三個小黨，我看將來選舉國會議員的時候，它們都會參加，提出國會議員候選人跟全斗煥的民主正義黨爭衡一下。

從以上五個國家所辦選舉看來：第一、可見多黨選舉或政黨政治乃是世界的潮流，不僅孫中山先生民初的看法早已如此，現在證以各國的選舉，我們更應對它有信心。

第二、事實也說明，政黨雖多，但是，祇要在朝黨做得好，它總是佔便宜的，不必怕會失掉政權。而因有他黨與它競爭，它且不致於退化。所以我們的執政黨膽子應該放大一點，信心應該增加一點，開始走正常的政黨政治。政黨政治乃是一種和平的政治，一種寬厚的政治，可使國家長治久安的政治。

談到如何促進「政黨政治」，我建議國民黨這次三月二十九日第十二屆全代會能夠決定在二年之內制定一個「政黨法」，解除黨禁，讓人民可以組織新黨。

至於不硬性規定政黨法的時間正是想使政府在朝的國民黨和在野的人都有充分準備：心理的

和程序的準備。希望大家不要操之過急，也不要趦趄不前。國家幸甚！

七十年十二月十七日

民主憲政的發展及其保姆

民主政治初試啼聲

我國雖然歷史很長，文化很盛，也有民本思想，也有人權觀念，可是在民國三十七年行憲前卻沒有民主憲政。孫中山先生倡導三民主義及其民權主義，並據以推翻帝制，建立民國，民主政治方始萌芽。但他擔任總統僅一個多月，以後就是軍閥混戰民主幼苗連根拔起。民國十八年國民革命完成北伐，中央實施五權之制；因由國民黨一黨訓政，黨權高於一切，也無民治可言。直到對日抗戰的第二年（民國二十七年）國民參政會成立，民主政治方初試啼聲。

國民參政會創立於二十七年七月六日，由第一屆至第四屆，歷經十年，對抗戰必勝，建國必成，貢獻很大。其中尤以用民主方法團結全國人民，統一全民意志，動員各方力量，促進民主憲政，因而使國家迅速現代化和民主化，其事其功，更足追念。而愛之疼之推之挽之有似保姆者，乃是蔣中正委員長。

在國民參政會成立時，他早就宣示：「本會的歷史使命，是要建立民主政治的基礎，尤其是建立永久的眞正的民主政治基礎。」後來他又列舉參政會的貢獻：「三是民治楷模的樹立。這是本席在第一次開會時所貢獻的希望，而我們兩年來完全做到了。我們已完全摒除了過去議會種種的缺點，一切都開誠佈公，絕沒有意氣用事。我們中國從漢唐以至於宋明，士大夫最大的惡習，就是各逞意氣，不惜以國家民族利益爲犧牲。……然而我們現在的情形是完全不同了。」

參政會的民主結構

國民參政會參政員的總額，第一屆是二百人，民國三十年第二屆，增爲二百四十人，三十四年第四屆，增爲二百九十人，抗戰勝利後，更增加至三百六十二人。

各屆參政員都分爲甲乙丙丁四類，以第一屆爲例，分配如左：

甲、由曾在各省市公私機關或團體服務三年以上，著有信望之人員中，遴選八十八名。

乙、蒙古四名，西藏二名。

丙、由曾在海外僑民居留地工作三年以上，著有信望，或熟諳僑民生活情形，信望久著之人員中，遴選六名。

丁、由曾在各重要文化團體或經濟團體服務三年以上，著有信望，或努力國事，信望久著之人員中，遴選一百名。

其中丁項參政員包括各黨各派，而它們在一年多前尚未取得合法地位，那時則已由執政黨公開承認。其中共產黨代表是七人，青年黨和民社黨各六人，他如沈鈞儒等的救國會，章伯鈞等的第三黨，梁漱溟等的村治派，黃炎培等的職教社和許德珩等的九三學社等，也無一不有代表參加，而且都由各該黨派自行提出代表人選。

國民參政會的任務和職權如左：

一、決議政府對內對外的重要施政方針。

二、提出建議案於政府。

三、聽取政府施政報告並向政府提出詢問案。

四、組織調查委員會，調查政府委託考察事項。

五、審議國家總預算。

第二步是地方自治

已故參政員胡適之先生後來對「在臺參政員聯誼會」指出：「十年中參政會在國家危難中幾經演變，第一屆參政員全部爲政府聘請，以後漸漸的一部分人由選舉產生，最後由選舉產生的更是日漸加多。雖然參政會不是一個立法機關，但是它的分子卻代表抗戰時自由中國的一時人望，它的討論與決議，的確也代表了當時的一般輿論。」

本文作者有幸而躬與其役，連任四屆，竭盡棉力，感受很深，對胡先生的美言可作見證。

國民參政會號稱「戰時國會」，自當努力推動民主政治。首先是加強地方自治。該會第一屆第一次大會，就有五個這樣提案。他們認爲中央既有國民參政會作爲戰時國會，地方當然也應有各級民意機關，以貫徹地方自治，動員全民力量。其中之一，是政府所交議的「擬設省縣參議會推進行政完成自治案」，其餘四案則由青年黨代表等所提。五案合併討論結果，議決：「爲適應抗戰建國之需要，應設立省縣市臨時參議會。」後來中央政府迅即據以制訂法規，通飭施行，各省市縣於是得以紛紛設立地方民意機關。

但臨時地方參議會乃是戰時一種權宜設施，與地方自治相去尚遠，後者仍須加速完成各項條件，方能奠定基礎，完成民主。於是本文作者乃在參政會第二次大會提案促請政府迅速設立臨時地方民意機關外，並須充實地方自治條件，以達到「完全自治」。提案列舉健全組織、清查戶口、訓練民衆、修築道路、辦理警衛和測量土地等六項。經大會修正通過。

結束黨治還政於民

在充實參政會和發展地方自治外，國民參政會同人力促憲政時期早日到來，於是敦促政府召開國民大會制訂憲法，結束訓政。

國民參政會成立的第二年，第一屆第四次大會，關於提請定期召集國民大會制訂憲法實施憲政的提案，就有七件之多，經大會合併討論，決議通過，並由議長指定參政員十九人組織國民參政會憲政期成會，協助政府促成憲政。

二十九年四月，國民參政會舉行第一屆第五次大會，憲政期成會提出報告書，彙合各方意見，將五五憲草八章一百四十七條改爲八章一百三十八條，名曰「國民參政會憲政期成會五五憲草修正草案」，經大會決議：連同各方建議併送政府。

國民參政會該次大會並議決洽請政府於民國二十九年十一月十二日召集制憲國民大會。但因戰事籌備不及，制憲大會未能在二十九年如期召開。國民參政會乃決議：「一、請政府對於未完成之（國民大會代表）選舉，及附逆分子剔除後之補充，切實注意於選舉方法之改善。二、請政府促成憲法及憲政之早日實施。」三十二年九月，中國國民黨第五屆第十一中全會，乃決議於戰後一年內召集國民大會制頒憲法。

三十二年九月，國民參政會舉行第三屆第二次大會，國民政府蔣主席報告，國防最高委員會設立憲政實施協進會，聘國民參政會主席團主席及一部分參政員爲會員，繼續研討憲法草案，考察民意機關的設置和人民權利義務的辦理情形。該會在兩年中發動全國人民研討五五憲草運動，將各方意見，彙綜整理，提出研討結果三十二項，同時促請政府頒行保障人民身體自由辦法和改善書刊檢查辦法，並在全國分設七個考察區，考察各地民意機關的運作和人權自由的保障等情形。

民主保姆不朽功德

三十四年八月，日本無條件投降，蔣主席邀請毛澤東到重慶與各黨各派和社會各界人士商討國是。毛澤東在國民參政會歡迎會（毛也是參政員）高呼「蔣委員長萬歲！」為溝通協調集思廣益，國民政府乃決定召開政治協商會議。

三十五年一月十日，政治協商會議開幕，組織憲草審議委員會，彙集修正意見，由國民政府依照立法程序，提出最後修訂的中華民國憲法草案，送由國民大會制訂現行憲法，從此進入憲政時期。國民參政會則已在制憲國民大會開幕前一日，三十六年三月二十八日，功成身退，自行結束。

去年十月三十一日是蔣中正先生百年誕辰，憲史會等三機關舉辦「蔣中正先生與現代中國學術研討會」，邀請國民參政會主席團主席李幼老（璜）和本文作者合提一篇〈國民參政會與中國現代化〉的論文。我們在結論中提到蔣先生的貢獻，現在把它引作本文的結論：

「我們現在緬懷過去，深覺在那十年中對國民參政會貢獻最大的，首推蔣中正先生。因為他先後擔任國民參政會的議長和主席，同時兼任憲政實施協進會、川康建設期成會、經濟動員策進會以及經濟建設策進會的會長。在那十年中，他對會務的推動和協調，對團結的關切和維護，對民主的熱心和策進，苦心孤詣，任勞任怨，成就很大，賢勞可念，功不唐捐，永垂不朽。」

特殊的國情乃有特殊的政治制度

比較世界其他民主國家的國會，我們國民大會代表的結構是很特殊的。他國的國會議員照例都是地區代表，但我們則在地區代表外，尚有許多特殊代表，包括左列各項：

一、職業代表，歐洲有些國家也有這項代表，但種類沒有我國那麼多，包括農、工、商、律師、會計師、教育團體等。

二、婦女代表，而且予以保障。

三、西藏蒙古代表。

四、海外僑民代表。

五、在臺灣則還有山地代表。

此外，特殊而又特殊的，我國還有增額代表。

凡此特殊代表所以要設置，都是因爲我國有特殊的國情。例如華僑爲「革命之母」，即使在今天，僑胞對國家還有許多貢獻。這就是我國的特殊國情。

尤其是增額代表，更非有不可。如果沒有增額代表，我們的國會，今天那裏會有這樣大的本土代表性，臺灣省的人民也沒有參加中央政治的機會，國會也沒有這麼多的新人才。

回憶民國五十六年，政府遷臺已經十八年，但臺灣人民祇有選舉地方議員的權利，而代表本省參加中央民意機關的還是二十年前民國三十七年選出的寥寥無幾的資深代表。於是我在民國五十六年向監察院提案要求增選和補選本省的中央民意代表。三年後乃有第一次中央民意代表的增補選，但三個民意機關的新選國會議員僅二十人，當然太少。我在五十八年十二月又建議大量增選。關於立法委員，我主張要增選一百五十人，可惜到現在還沒有達到這個數額。這就是因爲我國有特殊的國情，所以方有這樣特殊的增額代表制。

不知諸位同意我國的國情有點特殊麼？所以國會的結構應有特別的設計麼？我想諸位不能否認這些特殊性及其特殊安排。我最近所以主張要在將來國民大會代表全部改選時設置相當於總額三分之一的大陸代表，也是基於這種特殊的國情。諸位能夠予以諒解麼？

我今天沒有時間把各種特殊代表的特殊性，一一加以說明，但我應把設置大陸代表的特殊性及其理由稍說一下。

第一、國民大會是中華民國全國性的政權機關，乃是法統的所寄，它的代表必須表現出全面性，而不能讓人指爲它是祇有臺灣省代表的地方議會。

第二、如由普選產生，鑑於臺灣省議員七十餘人中本屆祇有三名大陸人，上屆且僅一人，將來在國民大會代表中未必會有適當人數，則大陸人自必大失所望，而大陸人對臺灣過去畢竟也作出重大的貢獻，今後也尙須使他們心安理得，樂於爲臺灣共同造福。

反之，大陸人如果不能在政治上得到臺灣人的照顧，而淪爲「亞細亞的孤兒」，本該保持全國面貌的國民大會也變爲清一色的地方性議會，則中央政權將會怎樣想法？大陸同胞將會怎樣失望？

所以如果保障大陸人能有一百餘人作代表（假定總額的四分之一），對這裏的、大陸的和海外的大陸人將會發生很大的鼓勵，對中共的統戰也會產生反制作用。然則我們何須吝惜這一百多的國代名額呢！謀國之忠和愛鄉之法應該是那樣的鄙吝和短視麼！

第三、但我最關心的還不是以上兩點，我是爲著保護中華民國憲法特別是它的總綱。因爲大陸人比較不會主張「臺獨」，而臺獨則必須撕毀這部憲法，那將是中華民族的大不幸。我們所以千辛萬苦地反共，也是爲的保護這部憲法，而如果有四分之一的大陸代表，理論上國民大會便不易以修憲去毀憲。

基於這個原因和理由，我所以不必主張立監兩院也須有大陸代表，因爲他們與修憲和法統畢竟並無直接關係。

由此觀之，我所以主張國民大會應有大陸代表，與我多年來所以鼓吹臺灣地區的增額選舉和增額代表，都是因爲特殊的國情。增額代表非有不可，山地代表也非有不可，大陸代表何獨不可有！所以我不得不用多年推動增額選舉的識見和勇氣來主張大陸代表制，並請諸位鑒諒。

有人以爲保障大陸人的大陸代表制會引起本省人的反感，加深省籍界限，所以不可行。但我以爲淡化省籍界限的最好辦法就是多數照顧少數，使少數安心，於是多數方能安全，而不是忽視或輕視少數，使少數不能安心。

至於大陸代表的產生方法，我今天不能詳陳，但祇要原則成立，方法不愁沒有，比例代表制便是一例。

七十九年三月三十日

國會改革的坎坷曲折

今天這個議題，國會改革問題，是國人年來特別關心的重點，因它對國是問題具有關鍵作用。國會不能好好地改革，一般政治就會受它拖累，而我因十三年前尚是國會中人，監察院監察委員，知之更深，所以特別關切，也多所努力。

我特別而且領先關切國會改革問題，遠在距今二十四年以前，民國五十五年，因為那時臺灣省議會選出的監察委員丘念台先生逝世，臺灣本來僅有五位監委，為數已少，自應補充，我乃在監察院建議補選，但行政院卻認為丘委員任期早滿，不能補選。我乃建議增選，並認為代表本省的立法委員名額也當增加，由本省選民直選產生。但我和監察院這一建議未荷政府接納。

可是形勢逼人，兩年後政府也想通了，辦了一次增選和補選，可惜人數僅二十人，國民大會代表十二人，立法委員六人，監察委員二人，但實際僅十八人，因為其中監委二人，乃是臺北市升為院轄市所新選，不能算是增選或補選。我以為名額太少，本省代表與原有的他省代表相差太多，又在監察院年終總檢討會呼籲再辦一次增選，將新立委增為一百五十人，新監委增為二十三人，國大代表則不必再增。

幸而民國六十一年政府果然再辦一次增選，國代增了五十二人，立委五十一人，監委十五人，六十九年、七十五年和七十八年又各辦一次，現在增額立委已增爲一百三十人，然仍少於資深立委的一百三十八人。

爲增強立委的本省代表性和立法功能性，執政黨決以退職方法敦促資深立委於明年全部退職。最近大法官會議也作桴鼓之應，以釋字第二六一號解釋強制逼退。

我已在十三年前從監察院自動引退，但對改革這個關鍵問題，一向仍很關切，在民國七十五年舉辦增額選舉前，我曾建議大量增加增額代表名額，必須使其超過資深人數，以順利主導中央民意機關。我更建議到民國八十一年再辦選舉時，因爲三個中央民意機關的增額代表任期都滿，都須改選，爲使資深代表屆時順理成章地退職，那次選舉，可以正式定名爲第二屆選舉，不再稱爲增額選舉。

以這樣兩階段改革國會的設計（第一階段，七十五年選出大量超過資深代表人數的增額代表，然後在八十一年的第二階段選舉第二屆代表，促退資深代表），與釋字第二六一號相較，時間雖有一年之差，但前者結果圓滿，過程順暢，實爲上策。

現在大法官的解釋，執行有無困難，茲姑不論，而一年半後（八十年十二月底），三個中央民意機關各祇剩下增額代表，例如國民大會僅剩八十人，而依據大法官會議釋字第八十五號解釋，這八十人祇可行使全部職權。如果國是會議申請他們修憲，他們就可以五十四人的出席和出席者十三人的反對予以否決，這將成什麼憲政體制，但這是不可能的！至於立監兩院，因爲不在釋字第八十五號解釋適用範圍之列，連開會都不足法定人數了。我不知這個後遺症，司法院將如何補救！

此外，今天議題所提出的其他四個問題，都很重要，但因限於時間，我不能再說甚麼。謝謝！

七十九年六月二十八日

(附載)中國政治價值與世界民主潮流

陳　慶

前　言

近兩年來，世界政局的急速演變，促使民主政治成爲世界政治的主流，但是，有極少數的國家，不予接受。它們有的堅持共產主義的專政，以適應其所謂特殊的情況，也有的維持傳統古舊的權力，以統治其封閉落後的社會。中共在此關鍵時刻，仍頑據一方，堅行獨裁鎭壓政策，向世界民主潮流挑戰，更向我國優良文化及政治價值挑戰。然而，我國的政治價值究竟是否符合今天洶湧激盪的世界民主潮流？而這潮流又是否能適應我國國情、造福國人？這是當前值得我們探討的重大問題。

首先，我們從中國政治價值的要項說起。

中國政治價值

從政治學立場觀之，中國政治價值至少有下列五要項：

一、人文主義與政治道德。先賢評論人性，重視人倫，強調「政者正也」的政治道德，說明了人類何以有惻隱、羞惡、恭敬、是非之心。他們闡釋君主政體是基於人君愛護人民與社會的和平政體，並提倡仁政的哲理。雖然，人文、倫理、和道德的價值，在國人長久強調下，忽略了法治與科學的發展，而且被一些西方人士批評爲保守與陳舊，但其精華卻被現代的日本及新加坡所擷取，作爲發展尖端科技與安祥社會的要素，而西方人士，反而回頭研究日、新兩國發展成功的秘密，卻未追師我國。

二、民本論與民主思源。先賢對於「民本」的觀念，表達頗多。然而，從「民爲邦本，本固邦寧」及「民之所好好之，民之所惡惡之」的言論，到「民爲貴，社稷次之，君爲輕」的主張，都祇止於民本的思想。雖然，明末清初的黃宗羲（一六一〇——一六九五），曾提出革命性的反君主專制的意見，但未能作進一步的探討，建立民主政治的理論，較之同時期的英人約翰‧洛克（一六三二—一七〇七）所提出的民主政府的言論，顯然落後。但是，我國的民本思想和反對君主專制的意見，卻是民主政治的思源，也是追尋自由、人權、平等的起點。

三、政治權力的相對關係。我國先哲，曾提出「君使臣以禮，臣事君以忠」及「君視臣如手足，則臣視君如腹心」等言論，說明了政治領袖與百官的關係是相對的、信賴的，不是絕對的、猜疑的。雖然，這種關係歷代有些變更，但監察制度之設立，文武之分治，則歷久不衰，而眞正建立絕對關係者，祇有秦始皇的絕對君權和毛澤東的共黨專政。孫中山先生的政權與治權之分，五權之設，與西方三權鼎立之制度，都在求政治權力的相對關係，以充實民主政治的內涵。

四、平等教育與公平參政。孔子以「有敎無類」四字所建立的平等教育哲學，已成爲我國教育的崇高原則。這個原則在文官考試制度的配合下，打破了社會等級、封建思想、種族歧視、和宗教信仰的障礙，建立了一個公平而有效的平民參政的機會。據中西學者的研究，自十二世紀至十九世紀，我國考試制度所選拔的人材，佔全國所甄選爲國服務者的百分之四十，他們的社會流動與升遷率，又比同時期多數的西方社會爲高；因此，這種平等教育與公平參政的制度，建立了社會民主的基礎。

在今日中華民國的臺灣，平等教育與參政的機會，得到了有史以來最好的印證。從前目不識丁的老農或高山僻壤的家庭，他們的子女現在都得到良好的教育，並於學成後回饋社會，服務國家，這是很值得吾人重新肯定的價值。

五、大一統的傳統與大同世界的胸襟。先賢曾謂，「天無二日，土無二王，國無二君，家無二尊。」又稱，天下「定於一」。這都說明了國家統一的原理。秦代以還，大一統的局面由理論演變爲實際，歷久不墮；中間雖有分裂的局勢，然均爲短期現象。這是中華民族的傳統。當今，中共誤用「大一統」觀念，欲「統一」臺灣，卻不明其專制政權之卽將崩潰，和臺灣經驗之卽將廣佈於整個中國大陸。

除「大一統」的傳統外，國人尙有天下一家與大同社會的胸懷。先哲對這方面的解釋雖然簡單，而且祇是一種理想與期望，但以當時環境言，這種理想是一個崇高的國際觀，期望將來有一個融和的國際社會。康有爲的《大同書》，雖然是在中外文化影響下的幻想與觀念結合而成，卻也是一種對國際社會的主張與希望。這些都說明了中國人的心智與胸襟，不是孤獨的、短視的，而是國際性的、遠見性的。

上列五項，不僅是我國政治的價值，也是我國文化的要素。它們支持中華民族屹立世界，歷久彌堅。

西方民主政治的要素

國人多了解民主的大意，卻不易舉出比較完整的涵義。而且，「民主」一詞，又因人、因時、因地、因事有不同的解釋，所以才有中共「人民『民主』專政」的怪論，和羅斯福同意史達林在戰後東歐實行「民主」的錯誤。

廣義言之，民主是一種國家形態、一個政治制度、一項政策作風、一門工作風範、一個政治文化、和一種生活方式。它與人權、自由、法治、容忍、平等、及公開競爭有著不可分離的關係。

西方民主政治，自約翰·洛克以還，已包涵了下列八種要素：

一、自由政治：政治的運作必須建立在人民的自由意志之上，人民同意則興，不同意則廢。民意的表達，可用直接或間接方式，代議制度乃應運而生，代替人民行使職權，使行政機構不能一意孤行。這是與專制、極權、及「專政」基本不同之點。

二、限制政治：行政機關的權力，固有限制，立法機關的權力，也不例外。其限制的辦法是選民的行使民權，包括罷免權。目前，西方國家的議會，也採行了自我批評的檢討制度，來限制議員們的濫用職權。

三、責任政治：政府不但應對人民負責，而且還應保護並提高人民之所需，諸如安全設施、經濟利益、及精神文明等。同時，政府應有適時「回應」的作風，以應人民的要求。

四、多數統治與少數利益：多數人的意志必須遵從，少數人的權益也應保障，才不會使「多數統治」流爲「多數暴君」。

五、法治政治：這不但要求全體國民必須守法，而且要求行政機關也應依法行事。例如，人民固應遵守集會規則，政府也應提高教育經費以符合憲法的規定，否則，便會被認爲違法或違憲。

六、個人自由與社會利益之調和：個人自由在民主制度中得到保障，但也要顧及個人是否妨礙了社會（羣體）的利益。萬一兩者起了衝突，唯一的出路便是調和。這是自由的調和，也是利益的調適。

七、容忍與妥協：容忍與妥協也是民主政治的基石。中國人在政治上的容忍妥協精神，不若西方人士之深厚。雖然，西人深知，政治上的容忍與妥協並不是愉快的作爲，但其長期價值則較「玉碎」的自由爲高。在目前對中國人而言，容忍比自由還更重要。

八、服務而非控制：時代的變遷，民智的開展，已使西方人士視政治事務爲「服務」，而不再是「控制」。然則，今後政府的公權力是否已減低到無法「治理」的地步？非也。人民若有問題，人民應向政府請求解決，而政府也應主動的出來爲民服務。這種觀念已在民主國家迅速地擴展。

從上述八項要素看，我們明白，共產制度下的「民主」與西方的民主格格不入；主要的原因是馬列主義否認人性、抹煞人權、蹂躪自由、破壞法治，祇有排他性與專政性的獨佔，毫無容忍與妥協的雅量。它不合我國的文化與國情，不足爲我國所取。

當前世界民主潮流的走向

兩年來，蘇聯及東歐的民主運動，風潮汹湧。其變遷之速，改革之廣，令人眼花撩亂，震駭心弦。然若冷靜思維，則可發現六個主要因素，促使蘇聯、東歐、外蒙及世界其他地區，動盪不安，發生巨變。這六大因素是思想、制度、政策、國際體系、民族意識、和資訊。

就思想方面言，過去三年中，國際間出現了新的政治思維，指導著政治的改革和外交的進行。先是蘇共戈巴契夫提出一種國際合作優於國際鬥爭的理念，並認爲普遍的人類價值應居於階級鬥爭和一國私利之上。由這新思維出發，戈氏認爲，蘇聯當年進軍阿富汗是違法行爲，在西伯利亞設置大型雷達站牴觸了美蘇的限武協定。隨後，蘇聯與美國簽署了「銷毀中近程核子飛彈條約」，片面裁軍五十萬，容許東歐進行激烈性的民主運動。尼克森後來也說，某些國際性的標準，在規範世界領袖的行爲，使大家盡可能溝通合作。這些新觀念，已跳出過去東西方對立的意識形態之窠臼，影響世界民主運動。

就制度上說，共產制度在經濟、意識形態、社會、文化等方面的失敗，已使共黨的領導人士捨棄其制度，轉向西方民主。布里辛斯基等人，也明白的指出，自一九一七年蘇共革命以來，全世界在共黨制度下，已危害了五千萬人的生命。共產制度之爲人唾棄，早已在一九五六年的匈牙利、一九六八年的捷克、和一九七六年與一九八九年的中國大陸，表現無遺。目前的失敗，祇是其制度敗壞的具體化而已。

在政策方面，近年來，世界各國的經濟改革政策，帶動了教育、社會、科技、資訊等方面的革新，也促進了政治改革，助長了民主化的風潮。這種趨勢，依各國情況而異，但在政治愈受壓制的國家，其要求民主的願望便愈強烈。

就國際體系言，國際多元化雖具初型，但美蘇兩國仍左右國際大局。自美蘇於一九八七年底在華盛頓簽訂了「銷毀中近程核子飛彈條約」以來，兩國的聲譽提高，合作的意願增強。例如，一九八九年秋間，西歐的共同市場與東歐的「經濟互助委員會」，開始談及將來合作的問題。又如，爭奪了十餘年的高棉戰局，也由美、蘇、英、法、中（共）五國，於今年一月同意，以聯合國名義出面商討和平解決的方案。因此，東西集團合作增多，誘致東方傾向民主。

在民族意識方面，東歐各國及蘇聯，在要求自由民主過程中，爆發了壓制已久的民族主義，反對外國（蘇聯）共黨的壓迫。匈牙利、捷克、和蘇聯加盟國立陶宛等國，都提出了民族的自由或獨立的要求。這是對蘇聯爲首的共產國際之否定與反擊。

最後，就資訊言，這個具有革命性的新因素，穿越了國界，打破了時限，突破了安全系統，推翻了傳統的主權觀念，將民主自由的革命訊息，迅速地傳播世界各國，發揮了不可捉摸而又強大的力量。這情勢，全球皆是，東歐及蘇聯尤甚。

用上述六個因素，我們可對世界民主潮流的走向，提綱挈領地作三方面的分析：西方國家、共黨國家、和第三世界。

一、西方國家：民主內涵的充實和國際合作的加強。西方民主國家，除了繼續其民主政制之運作外，對新發生的社會政治問題，力謀改進。諸如失業救濟、種族平等、人權保障、環境保護、及文教提高等，都加入施政要項中，以增加人民的福祉，充實民主政治之內涵。

另外，美國與西歐及西歐與蘇聯的合作，也在加強。美國總統布希於去年提出了「新大西洋主義」，要強化北大西洋公約的政治角色，加強美國與歐市的關係，共同創建新歐洲。歐洲人士甚表歡迎，認爲這是以經濟合作促成歐洲政治合作的起點，並讚譽美國已在「平等」的基礎上重視歐洲。至於歐市與蘇聯的合作，已表現於雙方在去年十二月所簽訂的十年經貿及科技合作協定中。現任歐市主席的法國外長杜馬和蘇聯外長謝瓦納茲都認爲：這協定是未來歐洲的大藍圖，具有政治上的重大意義。如果這兩種合作進行順利，則在西方民主國家之間和東西集團之間，都會走出一個和平合作的新路。

二、共黨國家：強烈的民主要求取代了馬列主義的專政。蘇聯及東歐的巨變，基本上是由於共黨專政制度之敗壞，人民之嚮往民主自由、和戈巴契夫之創新思想。資訊的運用，也發生了傳播煽動的作用。自去年三月至今年三月，不但波蘭、匈牙利等五國的共黨政權已被推翻並走上民主之路，而且蘇聯也已放棄共黨專政成爲多黨競爭的國家。

這種石破天驚的政變，具有三種特性。一是迅速性。國際共產運動於第二次世界大戰後，發展得快，而今崩潰也快。四十年來，國際人士認爲共產政權不可能崩潰，而今一潰不可收拾，資訊的效力，大大地增加其迅速性。這也充分證明共產主義違反民意，而其強加於人民身上的政權，終必爲民唾棄。二是複雜性。各國情況，因人、地、時、事而異。波蘭的難題是經濟爲先，匈牙利是政治爲重，東德爲同文同種的西德所刺激，羅馬尼亞是因惡毒的西塞士古屠殺人民。同時，民族意識在受害的匈牙利和捷克表達最強，拉脫維亞和立陶宛等加盟國也不示弱。這些情形，各國不同，乃係各國複雜的社會背景所引致。三是影響性。當今東歐諸國共黨政權，一個又一個叛離崩潰之風，和四十多年前共黨在東歐奪權的「骨牌」影響之勢相似，祇是形勢相反而已。其對中國大陸之影響將如何？雖然，中國大陸與蘇聯及東歐有歷史、文化、地緣等背景之不同，但其馬列主義及共黨專政之特質則相似。共黨世界民主運動之風，遲早必重大的影響大陸。

三、第三世界：民主化的復甦與普及代替了獨裁和馬列主義。在拉丁美洲，民選的政府日益加多。民主制度中斷了十六年的智利，去年年底已結束軍人統治，返回民主。尼加拉瓜也於今年二月，採行民主制度，以民選的總統代替了統治十年的左派獨裁者。在亞洲、菲律賓和巴基斯坦等國，都以民選政府取代了獨裁政權。馬來西亞的共黨已向政府簽約，解散其組織和武力，而高棉的當權共黨也有意放棄社會主義。在非洲，莫三鼻於去年七月宣佈放棄馬列主義，採取西方民主；貝南人民共和國（於一九七五年由達荷美共和國改名），也於去年十二月跟進。凡此種種，都是由觀念的更新，影響到制度和政策的改變，採行民主政治。

主、自由、平等。因此，世界民主潮流在三個不同的地區，以不同的方式變動前進。但其目標相同，那就是民

中國政治價值之再肯定

目前世界民主政治之趨勢，有利我國政治價值之弘揚。茲將兩者關係，簡述如下。

第一、我國深厚的人倫關係、溫潤悲憫的胸懷、以及羞惡恭敬的情操，都超越西方所秉持的功利主義和共黨抹煞人性的特質。先賢所強調的政治道德和人性之重要，已在當前東歐各國的重建「人性」的悲痛呼籲中，得到了千古不移的政治價值之印證。

第二、民本觀念是民主政治的思想泉源，也是建立自由政治、責任政治、限制政治、及社會平等的起點。雖然，我國民主制度的建立，落後於西方，但民本的觀念對民主制度的採行，有肯定的基本價值。

第三、我國與西方民主國家比較，所落後的是法治的傳統、容忍協商的習慣、社會服務的態度、和團隊的精神。數年前，李國鼎先生提出第六倫的觀念，強調個人與社會羣體在現代社會中的重要，令人欽佩。這些項目，都是我們在民主化、現代化的過程中所必須迅速提升的。

第四、平等教育和公平參政的制度，我國創立於西方國家之先，卻不如西方之發達。近年來，我們在臺灣的建設，已深切地印證並發揚了這個傳統價值。對民主政治的發展作了莫大的貢

獻。

第五、西方民主國家，對新發生的社會政治問題之改進，亦為我國所積極進行的事項，諸如失業救濟、種族平等、人權保障、和環境保護等。有些項目，如社會福利和種族平等，我國可能優於西方。這是民主政治內涵的擴大與提升，我國的努力，對世界民主潮流有肯定的作用。

第六、中國文化之不能接納共產主義，已由論爭階段進入事實肯定的階段。臺灣的政治民主化，不但已對中國大陸的民主運動發生了事實上的助長作用，而且已開始為世界各國所重視。這個發展，是值得我政府和全體國民安慰的。

第七、大一統的傳統和世界大同的理想，說明了中華民族的胸懷和氣度，但這兩者，都必須在和平方式和各方同意下進行，才能達到統一和國際合作的目的。現在東西德都很高興彼此的和平自由交往，但彼此都在妥籌統一的事務，以免帶來過急的政治災難。至於建立東西歐的大同社會，現在還祇是一個長遠的目標。這是一個很有教育意義的實例。海峽兩岸的國人，必須理性的認識這個複雜的問題。

從上面的分析，我們知道，中國的政治價值，已在當前的世界民主潮流中得到再度的肯定。換言之，中國的政治價值符合西方民主政制，而西方民主也適合中國的政治發展，這種東西文化融和及平衡互補的關係，已在當前的世界民主潮流中，得到了新的顯示。更進一步說，今天中華民國的政治發展，也必須在平衡的原則下進行，以求政治、經濟、科技、國防、環保、文教、法治與秩序、社會福利、精神文明等方面的均衡發展。這種平衡論，在求高度的物質享受須有適度的文化素養相配合，才不會帶來精神生活的貧乏，造成政治民主化的大缺隙。

結語

四十多年來，中華民國的艱苦奮鬥，已由經濟發展的成功，帶動了民主政治的前進，打破了中共一貫的「中國不宜實行民主」的專政謬論。同時，中華民國在艱辛努力過程中，國際形象備受歪曲，被指爲孤獨的「保守」者，直至一九八九年的世界民主高潮，世人才確實地認識，我國實爲世界上少有的先知先覺民主鬥士。

當前的世界，在洶湧的民主潮流衝擊下，已經發展成一個國家要和平、民族要自由、人民要民主的局面。在國際共產危害五千萬世人之後而人人皆欲除之的今天，祇有中共還在努力的拯救共產主義。雖然，世人皆知，違反世界民主潮流的中共政權，崩潰不遠，但我們在它實際潰敗之前，絕不能掉以輕心。

我國近百年對傳統價值與西方民主的融和互補問題，已在今天的中華民國得到了正確而成功的印證。這是我中華民族智慧的發揮和全體國民共同努力的成果。面對中共的敵意未消，我們除堅持既定原則與運用既有經驗外，還應隨時充實並提升民主政治的實質。希望全體國民，能在總統領導之下，滙合行政部門、民意機構、私人企業、民間社團、學者專家、和媒體輿論等的心智與力量，同心協力，建立一個更完善的、既有持續性又有創新性的民主政治體制。果能如此，則我國將可創建一個西方人士夢寐以求的經濟、政治、文化兼顧的發展模式，造福全球，並開創國家的新前途。

民主前鋒國民参政會述評

抗日期間過渡民意機關與憲政

建國之難大矣哉

方才胡、韋兩教授都提到了我國的危機，在世界各國中危機之多而且大，莫甚於我國。近一百多年中，我國面臨著三個方面衝刺而來的危機。第一個是民族危機，內有滿淸，外有列強，對內對外都須從事民族革命；第二是政治危機，先是帝制，後是軍閥，所以必須從事民權主義的革命；第三是經濟危機，生產旣不足，分配也不均，所以必須實行民生主義。這三種主義或革命，任重道遠，因爲時間和環境的關係，不能一下就完成，以消除民族、政治和經濟的危機。

在世界歷史上，我們看很多國家一時祇遭遇一種危機，它用一個方法、一個政策就可以把它解決。像美國，開國前祇有對英國的獨立的民族問題，它用民族主義就可以解決它的民族危機。又如法國，它祇是專制與民主發生衝突的危機，它革命一下，就把法國推上了平坦的民主道路。又如帝俄，它的危機是在經濟和社會，所以祇需從事社會革命。但是我國是三個危機一起來，解決了民族的危機，還有經濟和政治的危機。這就是說，我們的處境特別困難。有人責備國民黨，指出他國一年二年就可以解決危機，我們到了今天七十一年了還不能使國家走上平坦的道路。但是大家也須承認我們國家的處境不同。我們的危機不祇一個，問題不祇一堆。國民黨已經算是盡了全力了。

言歸正傳。剛才胡教授講到國民黨的建國程序，就是軍政時期、訓政時期和憲政時期。孫中山先生的構想，軍政時期三年就可以完成，訓政時期六年就可以完成。國民黨的總裁蔣先生很有決心要實現這個程序，現在可以說已勉強做到了。國民黨在民國十五、十六、十七這三年勉強完成了軍政時期。國民黨完成了軍政時期之後，就在民國十八年，公開宣告進入訓政時期，並且規定六年爲限，預定民國二十四年，就要召開國民大會制訂憲法，完成民主政治。

經過了六年，到了二十五年，憲法草案就在二十五年的五月五日公布，所以叫做五五憲草，徵求全國人民的意見，希望在民國二十六年能召開國民大會來通過那部憲法，然後依照憲法辦理大選。還政於民。可惜日本不許我們這樣做，二十六年抗戰爆發。在抗戰期間，顚沛流離，政府從南京遷到漢口，又遷到重慶，當然談不到立憲了。但是，它爲了追求民主政治，還是設立了國民參政會。我做了八年的國民參政員，從第一屆到第四屆。人家對國民參政會抱的希望太大。實際上它不是一個眞正的民意機關。

集思廣益，團結全國力量

那時在中央和地方有兩種不同層次的民意機關，在中央這個層次就是國民參政會，在地方的層次則有省市臨時參議會，縣也有臨時參議會，臨時參議會也是過渡的民意機關，而不是眞正的民主機關。所以它的任務就很有限，國民參政會的組織條例規定：「政府在抗戰時期爲集思廣益，團結全國力量，設置國民參政會。」這兩種任務，集思廣益和團結全國力量。我相信它都做到了。

在集思廣益方面，政府要向參政會提出施政方針，由參政會來審查研究，但也祇是集思廣益而已，它把決議送給政府後，須由國防最高會議重行審查和議決，最後方通令實施。這是一點。另外政府各部會都要在每次參政會開會的時候，報告它的施政的成績，參政員可以詢問，由政府官員卽席答覆，有如今天議會的質詢。當時得到人民很高的評價，可說是開風氣之先。第三種權是建議，參政會先後十年，從抗戰第二年（民國二十七年），從漢口開始到民國三十六年在南京結束，參政員所提的案子，一共有二千七百件，每年平均有二百七十件，那是洋洋大觀。第四種權是調查，這也是爲了集思廣益。至於審議國家的總預算，這是後來才有的。到第四屆才有這個權，但是這個也是止於集思廣益而已。因爲，它的決議還是要看國防最高會議接受到甚麼程度。

此外，那個條例沒有規定，但對協助政府發生了極大的作用，它組織了一個「川康建設視察團」，同時又成立了一個「川康建設期成會」，它也組成過一個「憲政期成會」，憲政期成會結束以後，組織了一個「憲政實施協進會」。爲了表示大後方對前線的關切，它也組織了一個「華北慰勞視察團」，派了參政員到華北去視察，但是到了延安被阻擋了。在經濟方面，它成立了「經濟建設策進會」。後來因為英國的議員來訪問我們的重慶，參政會被稱為戰時國會，所以它也組織了一個參政會的訪英團。後來國民政府與共產黨發生衝突與糾紛，參政會介入調停，出了很大的力量，可惜沒能成功。參政會為了調停那件事情，也派人到延安去看毛澤東，所以組織了一個延安訪問團。以上約有八種，都是為了協助政府，擁護抗戰，促進民主，協助建國。

第二部分就是它的第二個任務，那就是「團結全國力量」。在國民參政會之前，全國力量是分散的，因為那時國民黨不僅是一黨獨大，而且一黨專政，國民黨的術語叫做「以黨治國」，那是訓政時期。到了抗戰發生，國民黨兩肩挑不起那麼大的擔子，當時國內也有許多有力量的勢力，政黨就是一部分，還有地方士紳以及各下級機關內國民黨的優秀人才，就像我當時也算是黨內的青年才俊（哄堂大笑），國民黨和政府都得重視和任使。所謂人不分男女老幼，地不分東西南北，都要一致在政府抗戰的領導之下，來支持抗戰。所以參政會不僅是為了集思廣益，最主要是為了團結全國力量。

它的構成分子分成甲乙丙丁四種，甲種指各省市政府團體和黨部服務三年以上而聲望卓著者，乙種是蒙古西藏的邊疆同胞，丙種是海外，丁種是社會經濟團體、學術文化界，以及各黨各派聲望卓著的人，這是重點。因為第一屆參政員祇有二百人，丁項就佔一半。那時共產黨、青年黨和國社黨（民社黨）本來都是非法的地下組織，而在抗戰一開始，政府就正式發表公告，一併予以承認。此外，還有沈鈞儒等的救國會派、黃炎培等的職業教育會派、梁漱溟等的鄉村自治派、陶行知等的知行學社、許德珩等的九三學社、第三黨的章伯鈞。這批人名義上是政府聘的，但實際上是各黨各派自己推出來的，所以都有代表性。

參政會有四個成果：第一是擁護抗戰，第二是協助政府，第三是鞏固團結，第四便是促進民主。我應對第四點多說一些。參政會一召集，就有五個提案，包含政府和青年黨的，要求建立正式地方民意機關，就是我剛說過的省縣臨時參議會。臨時參議會的組織形式和目的都和參政會差不多。二十八年政府公佈了臨時參議會的組織條例，浙江首先組織，它有四十位省參議員，由省政府推薦八十人，請行政院圈定。它的職權與參政會差不多，祇是不能審議總預算。縣也是如此，祇不過縣的參議員由省政府指派，直到抗戰勝利之後，才和省議會一樣正式由選舉產生。

這是我要說的一個題目。

第二個題目是「憲政實施協進會」。參政會爲了促進憲政與民主，它曾經兩次組織過類似的機關。第一個叫做「憲政期成會」，民國二十八年成立，目的有二：第一，督促政府召開國民大會，公佈憲法，還政於民，第二，研究憲草。因爲那時候的五五憲草是國民黨和立法院擬訂的，各黨各派沒有機會參加，所以由參政會加以研究。參政會並要求正式召開國民大會，政府於是決定在民國二十九年召開。但因時局不安定，沒有召開。憲政期成會也就結束了。

到了民國三十三年，蔣先總統向參政會提案，要求組織一個「憲政實施協進會」，他的目的，就是要參政會派人到各地去看看各地臨時參議會是不是在好好的做，對憲草是不是能夠了解，同時憲草是不是還有一些要改的地方。例如五五憲草和民國二十八年憲政期成會修改的憲草，都主張立法委員和監察委員都由國民大會產生，也由國民大會罷免。現在是大不相同了，那是政治協商會議才改過來的。政治協商會議規定，立法委員由選民直接普選產生，監察委員由各省市議會產生。

憲政期成會有一點建議就是要組織一個「議政會」，由國民大會推舉一百人來組織。除不能選總統、副總統外，國民大會和立法院的大部分職權都享有。當時大家都贊成，祇有我反對議政會。我認爲這是「寡頭政治」。我認爲孫中山先生的三民主義主張直接民權，現在由國民大會來選舉總統、制訂憲法、產生立監委員，已經很說不過去了，如果還要由國民大會的一個議政會來代替國民大會和立法院也就是代替人民行使政權，我覺得這種寡頭政治太要不得了。我力排衆議，到了「憲政實施協進會」終因我的反對而把議政會去掉了。

「憲政實施協進會」在立憲過程中，或在參政會的工作之中並不很重要。倒是各地的省縣參議會，我覺得較重要。因爲它是現在地方議會的前身，由它奠定基礎，它們的規則和架構都是那時候引進來的，貢獻很大。

訓了國民黨和政府十年

我現在要說最後一個問題。

國民參政會對於實施憲政的貢獻，包括它要求要有地方參議會，它很關心憲草、國民大會，這都是它應有的評價，但是我認爲最重要的，還是它培養了民主的精神，建立了民主的規模，也養成了民主的風度，包括政府的風度和人民代表的風度，我相信這才是它在憲政運動中的特色。

在參政會之前，在各地臨時參議會之前，人民都是阿斗啦，一切都是諸葛亮包辦啦，到了參政會才有過渡的民意機關，由它來過渡一下了，建立了一些規範、體制、風度和精神，才有我們今天民主的果實。蔣先總統在參政會十年結束時致詞說，他很欽佩參政會。參政會是不停的批評政府、責難政府。我算了一下，它在十年中開了一百三十四天的會，在開會期間它天天「轟炸」政府官員。那時日本用炸彈在轟炸，參政會是用批評來責難。這些轟炸壯大了人民批評和責難政府的勇氣。國民黨那時候的訓政訓了十四年，但是參政會特別是各黨各派的參政員卻把國民黨和政府也訓了十年。所以國民黨一方面訓人，但一方面也被人訓。被人訓了之後，政府和國民黨最初非常生氣，但是後來慢慢就習慣了，這就養成了民主的風度。在我悼念曾琦先生的一篇文章裏面，我提到他說一個政治家要有風骨和風度。參政會培養了風骨，而政府方面能夠受得了批評，沒有打人家的屁股，這便有風度。這在現在不算是什麼奇蹟，但在那時候是大新聞了，因爲阿斗已經可以訓諸葛亮了！

至於各黨各派的處境與功能，我可以說，就是各黨各派領導參政會，領導參政會來批評政府、來責備政府。但是民主的精神和風骨，不祇是批評，蔣先總統也指出參政會同時也協助了政府，擁護了政府。可以說，那時候參政會員是有政治家的風骨與風度的。那時在野的各黨各派、無黨無派、另外加上國民黨的少壯派，像我那時候也是三十幾歲的人，都有一分心血和貢獻。可惜民國三十年的新四軍事件，共產黨的七個參政員，集體不出席，提出十二條先決條件，有幾條政府實在不能接受，於是終於破裂，最後終於打內戰，而我國的憲政運動也遭到很大的傷害。

七十一年一月二十日

國民參政會與中國現代化

研討蔣中正先生與現代中國及其貢獻，應該就他與國民參政會以及國民參政會與中國現代化的關係加以述評。本文作者李璜和陶百川都是國民參政會的參政員，先後四屆，躬與其盛，而璜且迭任主席團，所以我們所知頗多，感念頗深，經本會邀請，敬提本文，以供參考。恭請指教。

綜　述

民國二十六年（一九三七）七月七日，日本軍閥發動震怒全國的盧溝橋事變，那時國民政府正約集全國學者、社會賢達和各界領袖三百餘人開談話會於廬山牯嶺，共商抗戰大計，軍事委員會蔣委員長七月十七日到會致辭，嚴正表示：「盧溝橋案，將為對日和戰關頭最後之界限，不僅是中國的存亡問題，而將是世界人類禍福之所繫」；「如果戰端一開，那就地無分南北，年無分老幼，無論何人，皆有守土抗戰之責任，皆應抱定犧牲一切之決心」。八月十二日，中樞設置國防最高會議，以商決抗戰大計，並設國防參議會，聘請各界領袖二十五人為國防參議員，以聽取前方戰報，商討戰時物資和人力的調配與運用。

二十七年三月，中國國民黨召開臨時全國代表大會於武昌，決議：「在非常時期應設一國民參政會，其職權及組織方法交中央執行委員會詳細討論，妥定法規。」同一大會又制定「抗戰建國綱領」，其中政治部分第十二條規定：「組織國民參政機關，團結全國力量，集中全國之思慮及識見，以利國策之決定與實行。」四月，中國國民黨中央執行委員會第五屆第四次全體會議，遵照大會決議，通過國民參政會組織條例及各省市應選出參政員名額表，經國民政府於四月十二日明令公布，旋經稍加修正。

七月六日，國民參政會正式開會，歷經十年，由第一屆至第四屆先後在漢口、重慶和南京開會十三次，對抗戰必勝，建國必成，貢獻頗大。其中尤以用民主方法集中全民意志，團結全國國民，動員各方力量，促進民主憲政，因而使國家迅速現代化，其事其功，更足追念。

參政會的目的和功能，蔣委員長曾以議長身分在第三次會議時指出：「召集國民參政會，目的是在集中全國的力量，以排除空前的國難，集合全國的意志，以樹立建國的基礎。」「本會的歷史使命，是要建立民主政治的基礎，尤其是建立永久的眞正的民主政治基礎。」

兩年後，蔣委員長對參政會的績效加以檢討，認爲成就很大。他說：

回溯本會的成立，將近二年。我們對國家的貢獻，實在是很大。舉其最重要的：

一、是精誠團結的實現。自從本會成立以來，全國上下都能眞誠團結，確實做到集中意志，統一行動，同生死，共患難，政府和民間的意見，已密切貫通，全國的賢能才俊，都能一心一德，共同爲抗戰建國而奮鬥。

二、是抗戰國策的貫徹。本會歷次開會，都有擁護抗戰的鄭重表示，使全國人民有一致的目標，世界各國，有明確的認識。我們兩年來無論抗戰環境如何艱苦，而抗戰國策始終堅定，絕不動搖，本會的一貫擁護，實有很大的力量。

三、是民治楷模的樹立。這是本席在第一次開會時所貢獻的希望，而我們兩年來完全做到了。我們已完全摒除了過去議會種種的缺點，一切都開誠布公，絕沒有意氣用事。我們中國從漢唐以至於宋明，士大夫最大的惡習，就是各逞意氣，不惜以國家民族利益爲犧牲。唐之牛李、宋之洛蜀、明之東林幾社復社，都是相輕相排，固執成見，置國家民族利害於不顧，結果意志力量不能集中，國家民族就要紛亂危亡。然而我們現在的情形是完全不同了，我們祇要一提到國家民族和抗戰，所有個人或少數人的意見，就完全可以化除，彼此諒解，求得合理的解決。這充分證明了中華民族是已成爲一個近代進步的民族，而且我相信我們中國進步如最近數十年來之速，將來對於世界地位，亦必能後來居上。

今天本席以議長地位，檢討我們過去成績，覺得有無限的光榮，也確信是我們民族前途光明的象徵。

組織和人事

民國二十七年公布的國民參政組織條例，規定參政員的資格和產生方法，如左：

凡具有中華民國國籍的男子或女子，年滿三十歲，和第三條所例（甲）（乙）（丙）（丁）四項資格之一者，得爲國民參政會參政員（第二條）。

國民參政會置參政員總額二百名，其分配如左：

（甲）由曾在各省市（指行政院直轄市而言）公私機關或團體服務三年以上，著有信望之人員中，共遴選八十八名。

各省市所出參政員名額，依照附表之所定，並以有各該省市籍貫者爲原則。

（乙）由曾在蒙古、西藏地方公私機關或團體服務著有信望，或熟諳各該地方政治、社會情形，信望久著之人員中，遴選六名（蒙古四名、西藏二名）。

（丙）由曾在海外僑民居留地工作三年以上，著有信望，或熟諳僑民生活情形，信望久著之人員中，遴選六名。

（丁）由曾在各重要文化團體或經濟團體服務三年以上，著有信望，或努力國事，信望久著之人員中，遴選一百名（第三條）。

國民參政會參政員的遴選，依次列程序行之：

一、候選人之推薦：

前條（甲）項參政員之候選人，由各省市政府及各省市黨部聯席會議，按其本省市應出參政員名額加倍提出；國防最高會議亦得提出同額候選人。

在敵軍完全佔領之省市，前條（甲）項參政員候選人，由國防最高會議按照各該省市應出名額加倍提出。

前條（乙）（丙）兩項參政員候選人，由蒙藏委員會、僑務委員會按照應出參政員名額加倍提出。

前條（丁）項參政員候選人，由國防最高會議按照應出參政員名額加倍提出。

二、候選人資格之審查：

前條（甲）（乙）（丙）（丁）各項參政員候選人，經推出後，由國防最高會議彙送中國國民黨中央執行委員會，提付國民參政會參政員資格審議會審議，審議會審議完畢時，以其結果報告中國國民黨中央執行委員會。

國民參政會參政員資格審議會，置委員九人，其人選由中國國民黨中央執行委員會指定。

三、參政員之選定：

中國國民黨中央執行委員會於接受國民參政會參政員資格審議會報告後，按照前條（甲）（乙）（丙）（丁）各項應出參政員名額，提出中國國民黨中央執行委員會會議決定之（第四條）。

參政員任期，原定為一年，必要時得延長一年，二十九年四月，修正組織條例，改為必要時得延長之，較具彈性。

國民參政會參政員總額在第一屆爲二百人（註一），三十年三月第二屆，增爲二百四十人，三十四年七月第四屆，增爲二百九十人，抗戰勝利後，更增加至三百六十二人。在增加名額時，甲、乙、丙、丁四項人數，也有不同的調整，列表於左：

	第一屆	第二屆	第三屆	第四屆	第四屆第三次大會
甲項	八八人	八八人	一六四人	一九九人	二二七人
乙項	六人	六人	八人	八人	八人
丙項	六人	八人	八人	八人	八人
丁項	一〇〇人	一三八人	六〇人	七五人	一一九人
總額	二〇〇人	二四〇人	二四〇人	二九〇人	三六二人

照上列分配表，第二屆參政員增加四十人中，丙項增加二人，丁項增加三十八人。而甲項八十八人的產生，已在組織條例中修正，原由各省市政府及各省市黨部聯席會議提出加倍人數，已

改由各省市臨時參議會用無記名連記投票法選舉之，以得票較多者爲當選。此項辦法較具地方代表性，在第三屆改選時，參政員名額雖仍爲二百四十人，丁項名額已減爲六十人，甲項名額增加至一百六十四人，第四屆名額增加五十人，甲項增加三十五人，丁項僅增加十五人。

國民參政會的構成分子包括各黨各派，而他們在一年多前尚未取得合法地位。其中共產黨代表是七人，青年黨和民社黨各六人。他如沈鈞儒等的救國會、章伯鈞等的第三黨、梁漱溟等的村治派和黃炎培等的職教社等，也各有代表參加。

另有一點也頗可注意。第一屆參政員都由政府遴選，但因人選適當，所以不損其代表性，而遴選制度且流傳迄今，使人不無懷念（註一）。王雲五參政員在他的《國民參政會躬歷記》一書中曾加論列。他說：

> 國民參政會是國民政府在抗戰期間，藉以團結全國力量之機構。有些外國人稱它爲中國的「戰時國會」(Wartime Parliament)，其實國會都是以民選代表所組成爲原則。在此原則之下，參政會不可能算是國會。但是像英國的國會是以上下兩院構成，除下院完全爲民選代表所組成外，其上院議員係以貴爵擔任，而貴爵則出自元首之册封，並不是人民所選。因此，英國國會的組成分子便括有民選代表與元首選任之人員兩種。國民參政員初時雖完全出自遴選，但後來逐漸發展，除一部分爲遴選者外，大部分均改取間接的民選制。如果遴選相當於任命或聘任，間接的民選也勉附於選舉之列，則後期的國民參政會稱爲戰時的國會，亦

未嘗無理由（中略）。

不過無論形式如何，任務如何，如果專就實質而論，則組成歷屆參政會的參政員，假使在公正無私的民選中，就其資歷人望來衡量，敢信其絕大多數都能當選。又歷屆參政員在其各次會議中所表現者，不僅移置於以後相當於各國國會的立法院中，並無遜色，可能行憲以後的立法委員所表現者，且多取法於國民參政員。因此，儘管國民參政會，並不是國會，但其影響於以後相當於國會的立法院者卻不少。

國民參政會初採議長制，置議長、副議長各一人，由中國國民黨中央執行委員會選任之。先爲汪精衞，後爲蔣委員長。二十九年十二月修正組織條例，改爲「置主席團，由國民參政會選舉主席五人組織之。其人選不以參政員爲限。」三十三年九月修正公布的組織條例，主席團增爲五人至七人。

國民參政會的任務和職權，原規定是：

一、在抗戰期間，政府對內對外之重要施政方針，於實施前應提交國民參政會決議（組織條例第五條）。

二、國民參政會得提出建議案於政府（組織條例第六條）。

三、國民參政會有聽取政府施政報告，及向政府提出詢問案之權（組織條例第七條）。

二十九年修正的組織條例，增列一條，規定：「國民參政會得組織調查委員會，調查政府委託考察事項。前項調查結果得由國民參政會提請政府核辦。」

三十三年又增列一條規定：「政府編製國家總預算，應於決定前提交國民參政會或其駐會委員會作初步之審議。」

國民參政會原定每三個月開會一次，自第一屆第四次大會起，改爲每六個月一次。會期每次原定十日，後改爲十四日。

國民參政會在休會期間，設置國民參政會駐會委員會，由參政員互選十五人至二十五人組織之。二十九年十二月修正公布的組織條例本爲「十五人至二十五人」，後改爲「二十五人」，三十三年又增爲三十一人。其任務爲：

一、聽取政府各種報告及決議案之實施經過。

二、促進業經成立決議案之實施，並隨時考核其實施狀況。

三、在不違反大會決議之範圍內，得隨時執行本會建議權暨調查權。

玆將國民參政會歷次大會會議時間地點列表於左：

屆次	會次	參政員名額	時間	地點
第	第一次	二〇〇人	二十七年七月六日至七月十五日	漢口兩儀街二十號

屆	次	人數	日期	地點
第一屆	第二次	二〇〇人	二十七年十月二十八日至十一月六日	重慶軍事委員會委員長行營
	第三次	二〇〇人	二十八年二月十二日至二月二十一日	重慶軍事委員會
	第四次	二〇〇人	二十八年九月九日至九月十八日	重慶大學
	第五次	二〇〇人	二十九年四月一日至四月十日	重慶林森路軍事委員會
第二屆	第一次	二四〇人	三十年三月一日至三月十日	重慶復興關國民大會堂
	第二次	二四〇人	三十年十一月十七日至十一月二十七日	重慶林森路軍事委員會
第三屆	第一次	二四〇人	三十一年十月二十二日至十月三十一日	重慶林森路軍事委員會
	第二次	二四〇人	三十二年九月十八日至九月二十七日	重慶林森路軍事委員會
	第三次	二四〇人	三十三年九月五日至九月十八日	重慶林森路軍事委員會
第四屆	第一次	二九〇人	三十四年七月七日至七月二十二日	重慶林森路軍事委員會
	第二次	二九〇人	三十五年三月二十日至四月三日	重慶林森路軍事委員會
	第三次	三六二人	三十六年五月二十日至六月二日	南京國府路國民大會堂

擁護抗建貢獻很大

國民參政會是應抗戰的需要而產生。三十七年中國國民黨在武昌舉行臨時全國代表大會，制定抗戰建國綱領，七綱三十二目，對於外交、軍事、政治、經濟、民衆運動和教育等都有妥善策劃。國民參政會第一次大會的第一件提案，就是「精誠團結擁護國民政府，實施抗戰建國綱領案」，決議：「切望國民政府製定實施辦法，督促各級政府切實施行。同仁當隨全國國民之後，依據此項綱領，在最高統帥蔣委員長領導之下，努力奮鬥，以取得抗戰最後之勝利，而達到建國之成功。」

綱領開宗明義，指出三民主義是一般抗戰行動和建國的最高準繩，並須在蔣委員長領導之下集中力量，奮勵邁進。

外交綱領五條，主張聯合以平等待我之民族，擁護和平條約，加強友邦合作，取消漢奸組織，增強國際之聲援。

軍事綱領四條，提出加緊政治訓練，訓練全國壯丁，發展戰地抗戰運動，撫養傷亡，優待抗戰軍人家屬。

政治綱領五條，提出組織國民參政機關，以縣爲單位完成地方自治條件，健全民衆組織，調整各級政治機構，整飭紀綱，嚴懲貪汚。

經濟綱領八條，提出獎勵投資，擴大生產，發展農村經濟，開發工礦事業，推行戰時稅制，統制銀行業務，整理交通系統，安定金融，平定物價。

社團民衆運動綱領五條，提出發動民衆組織，充實民衆團體，保障言論出版集會結社的自由，救濟難民，加強國家意識。

教育綱領五條，提出改訂教育制度與教材，提高道德修養與科學研究，訓練專門技術人員，訓練青年和婦女。

接受抗戰建國綱領並協助推行，是國民參政會對中國現代化的重要貢獻。那時首都已經淪陷，政府各機關退到武漢，而武漢已成爲日本軍隊追擊的目標。政府爲求抗戰必勝建國必成，必須加強國家總動員，於是必須在政治軍事外交經濟社會各方面有所變革，以應急需。這種改革就是所謂現代化——抗戰時期的現代化，國民參政會出了很大力量。

百川在參政會第一屆第三次大會提案「擬請建議政府領導民衆舉行國民抗敵公約宣誓運動，以培養抗戰精神，發揮抗戰力量案。」該案經大會修正通過，送請國防最高委員會辦理。國民政府據以訂頒辦法，於二十八年五月一日，全國各地舉行國民月會，在會中舉行國民抗敵公約的宣誓儀式。蔣委員長在陪都重慶親自參加宣誓，並致訓詞。他說：一、以煥然一新的精神，作艱苦森嚴的戰爭，使國恥的五月節，變爲雪恥的五月節。二、淪陷區的同胞，要在精神上抵抗敵人，打擊敵人，不與敵人合作。三、租界內的青年，在精神上要自立自強，在生活上要自愛自重，要負責，要知恥。四、精神總動員及國民公約，是我們抗戰最大武器；國民月會的組織，是我抗戰民衆的精神堡壘，要徹底實行，始終無間。五、在共同目標之下，團結努力，完成建國大業。

國民抗敵誓約：

我等各本良心，服從最高領袖蔣委員長之領導，盡心盡力，報效國家，並代表全家發誓遵守抗敵公約，不做漢奸，如有違背，甘受政府最嚴厲的處罰與民衆的裁判。

抗敵公約：

一、不做敵國順民，
二、不參加僞組織，
三、不做敵軍官兵，
四、不爲敵人帶路，
五、不爲敵人偵探，
六、不爲敵人做工，
七、不用敵人紙幣，
八、不買敵人貨物，
九、不賣糧食及一切物品給敵人。

宣誓實行公約辦法規定：

在舉行宣誓之前，由各地黨部政府學校校長教員學生等先作擴大普遍之宣傳。

誓行公約以保甲爲單位，由聯保主任召集民衆大會（由戶長出席），舉行宣誓儀式。

不參加者，處以一元之罰金，仍須勒令補行宣誓。宣誓後，如有違背行爲，由人民檢舉，呈請政府依法治罪。

五月一日的首次國民月會，不獨舉行國民公約的宣誓儀式，同時也開始實踐國民總動員綱領。蔣委員長對後者很重視。他在四月十七日發表講詞，指出：

「全國同胞：我們現在實施國民精神總動員，從下月一日起，我們全國各地都要遵照三月十二日中央所頒佈的國民精神總動員綱領，和他的實施辦法，全部實行。我們要舉行國民月會，宣誓國民公約，還要照著綱領所定的各項規條，互相勉勵，互相督察，切實作到。大家必須知道這是關係國家存亡，民族生死，抗戰勝敗的第一件大事。我要求我們全國同胞，尤其是各界領袖，特別重視這一件大事，誠心誠意的來推行。」

蔣委員長何以這樣特別重視精神呢？他引申孫中山先生的話，說：

「個人喪失了精神，就不是完全獨立的一個人，那麼民族喪失了精神，豈不就是一個不配獨立生存的民族嗎？兵法上說：『攻心爲上』，所謂攻心，就是要打擊對方的精神。所以世界上一切奮鬥的成敗，完全看精神的強弱消長而定，而有形的物質或兵力，斷不能決定勝敗的。」

然乎否乎？這個道理，我們以爲卽使今天還仍適用。

此外，國民參政會有關抗戰建國的提案，爲數很多，列表如左：

屆次	大會次	一般	軍事國防	外交國際	內政	財政經濟	教育文化	其他	總數
第一屆	第一次	八	一八	一一	三八	三七	一二	六	一三〇
	二	八	一七	四	二四	二四	一四	二	九三
	三	五	一五	五	三三	二一	一七		九六
	四	六	二一	二	四二	二〇	六	三	九〇
	五		六	三	二四	二五	一四	六	七八
第二屆	第一次	三	一六	六	四六	五四	三〇		一五五
	二		八	三	三八	三七	二九		一一五
第三屆	第一次	五	一四	一五	六二	八五	四四		二二五
	二	六	八	八	五八	八〇	一九		一七九

	三		二九	一〇	五九	六八	三四		二〇〇
第四屆	第一次		三七	三三	一四三	一五六	五六		四二五
	二	二〇	二一	一五	六三	一四〇	五四	一三〇	四四三
	三	五四	四三	一三	七三	一三一	六四	一〇一	四七九

推動民主不遺餘力

中華民國成立後，內有軍閥混戰，外有列強侵略，可說國無寧日，國民革命軍完成北伐，統一全國，在十年的黃金建設時期內，訓政工作逐步推行，眼見憲政時期卽將到來，卻因日本軍閥大舉入侵，又把我國推回軍事時期。但是政府一面抗戰，一面建國，對於民主憲政的推行，還是繼續進行。國民參政會在民國二十八年九月一屆四次大會中，關於提請定期召集國民大會制定憲法實施憲政的提案，就有七件之多，經大會合併討論，決議請政府明令定期召開國民大會，制定憲法，實施憲政，並由議長指定參政員十九人（十月增至二十五人），組織國民參政會憲政期成會，協助政府促成憲政。中國國民黨接受上項決議，由五屆六中全會決議國民大會定於民國二十九年十一月十二日召集。

二十九年四月，國民參政會舉行一屆五次大會，憲政期成會提出報告書，彙合各方意見，將五五憲草八章一百四十七條改爲八章一百三十八條，名曰國民參政會憲政期成會五五憲草修正草案，經大會決議將該草案及反對設置國民大會議政會者之意見併送政府。

但國民大會則因戰事而籌備不及，未能在二十九年如期召開。國民參政會乃決議：一、請政府對於未完成之（國民大會代表）選舉，及附逆分子剔除後之補充，切實注意於選舉方法之改善。二、請政府促成憲法及憲政之早日實施。三十二年九月，中國國民黨五屆十一中全會乃決議於戰後一年內召集國民大會，制頒憲法。

同年九月國民參政會舉行三屆二次大會，國民政府蔣主席指示，在國防最高委員會設立憲政實施協進會，聘國民參政會主席團主席及一部分參政員爲會員，主要工作是研討憲法草案，考察民意機關的設置和人民權利義務的辦理情形。在兩年中，該會曾發動全國人民研討五五憲草運動，並把各方意見，彙綜整理，制成研討結果三十二項。同時促請政府頒行保障人民身體自由辦法和改善書刊檢查辦法。三十三年十月，該會在全國分設七個考察區，考察各地民意機關的運作情形和人權自由的保障。

三十四年八月，日本無條件投降，毛澤東參政員到重慶會商國是，後由王世杰、周恩來等六人公開發表雙十會談紀要，一致認爲應迅速結束訓政，實施憲政，並應先採必要步驟，由國民政府召開政治協商會議。

三十五年一月十日，政治協商會議開幕，組織憲草審議委員會，後來提出具體修正意見，由國民政府依照立法程序，提出最後修訂的中華民國憲法草案，送由國民大會制訂現行憲法，使國家二十年的訓政終告結束而進入憲政時期，這是國民參政會很大的貢獻。

國民參政會關於推動民主政治的貢獻，在促開國民大會制定憲法外，尚有加強地方自治各案。該會首屆首次大會，就有五個這樣提案，那自是理所當然。因爲中央既有國民參政會作爲戰時國會，地方自然也應有各級民意機關，以貫徹地方自治，動員全民力量。

那五個提案是：一、政府交議：擬設省縣參議會推進行政完成自治案；二、曾琦等提：尅期設立省縣市參政會案；三、王造時等提：設立省以下各級民意機關；四、許德珩等提：從速設立省縣及縣以下民意機關案；五、程希孟等提：設立各級地方民意機關案。

以上五案經合併審查及討論。提出審查意見如左：

一、爲適應抗戰建國之需要，應設立縣（包括市，以下同）臨時參議會。

二、省臨時參議會之人數，以法律定之。

三、縣臨時參議會之名額，以人口爲比例，不滿二十萬人之縣爲二十一人，二十萬人口以上，每五萬人增加一人。

四、省縣臨時參議會參議員，依左列方法產生之。

㈠省臨時參議會參議員之產生：

1. 由縣臨時參議會就省臨時參議員全額百分之六十推出加倍人數（其臨時參議會尚未成立之縣，則由各法團公推），由省政府圈定之。

2. 由省各法團就省臨時參議員百分之二十提出加倍人數，由省政府圈定之。

3. 由省政府指定省臨時參議員全額百分之十。

4. 由中央政府指定省臨時參議員全額百分之十。

5. 省臨時參議員全額中婦女應佔百分之五至百分之十。

㈡縣臨時參議會參議員之產生：

1. 各鄉鎮首事會推出全額三分之一之三倍人數。

2. 縣各法團推出全額三分之一之三倍人數。

3. 由專員商同縣長提出全額三分之一之三倍人數。

4. 由省政府就三倍人數中各圈定三分之一爲縣臨時參議會參議員。

5. 縣臨時參議員，應有婦女參加。

五、省臨時參議會之職權：

1. 省政府各項重要施政方案，應提交省臨時參議會決議後施行，省政府對省臨時參議會之決議認爲不當時，得呈請行政院核定。但如遇緊急事故，省政府得發布緊急命令，於事後提交省臨時參議會追認。

2.省臨時參議會得提出建議案於省政府，並有聽取省政府施行報告，及向省政府提出詢問案之權。

3.省預算及決算在呈報中央政府前，應提交省臨時參議會審議，簽註意見。

4.凡增加人民負擔，應提交省臨時參議會審議。

六、縣臨時參議會之職權：

1.縣政計畫、縣預算決算暨單行規則之擬定等事項，均得經臨時參議會之決議或審議。

2.縣臨時參議會對縣政之興革，有建議、質詢縣政府之權。

3.縣臨時參議會對縣政府延不執行議案或執行不當，得呈請省政府核定。

4.縣政府對臨時參議會之議案，認為不當，在送交複議而仍認為不當時，得呈請省政府核定。

在大會討論上開審查意見時，曾參政員琦等提出修正意見如下：「省參議會應先成立。省縣參議會應有對於省縣政府之彈劾權。其會員之產生，選舉應佔三分之二以上。」大會討論之後，獲致下列決定：「設立臨時地方民意機關各案，原則通過，其組織法及籌設程序，應請國防最高會議核定施行。」

按我國地方民意機構的設立，實以上述決議為基礎。

但臨時參議會祇是戰時一種權宜設施，與地方自治相去尚遠，後者仍須加速完成各項條件，方能奠定基礎，完成民主。於是我乃在參政會一屆二次大會提案：「請政府迅速執行本會第一次大會所通過關於實行地方自治之決議案（設立臨時地方民意機關）並充實地方自治條件案。」我列舉健全組織、清查戶口、訓練民衆、修築道路、辦理警衞和測量土地等六項。經大會修正通過。

鞏固團結事倍功半

抗戰必勝的重要條件之一，是鞏固團結。這是國民參政會的首要任務。但在參政會成立半年後，團結就發生裂縫了。

二十七年十二月十八日，參政會的議長汪精衞託詞前往成都，主持軍校的畢業典禮，在典禮完畢後，就照預定秘密計畫，飛往昆明，與雲南省主席龍雲接觸，誘其反抗國民政府。龍雲不敢發難，汪卽改飛法屬安南的河內。十日後汪從河內拍致重慶蔣委員長的艷電，響應日本首相近衞的聲明，主張與日本和平解決戰爭。國民政府去電駁覆。汪乃輾轉至上海，召開會議，到南京組織僞府，公然叛變。參政會於二十八年九月一致決議：「請用大會名義通電全國，聲討汪逆兆銘及附逆諸漢奸，並否認一切僞組織與行動，以彰民意。」

汪案迅卽落幕，對抗戰建國危害不大，心腹大患，則是中共的叛亂。

二十六年八月二十五日，中國共產黨發表宣言，提出四項承諾：「一、中山先生的三民主義，爲中國今日之必需，本黨願爲其徹底的實現而奮鬥。二、取消一切推翻中國國民黨政權的暴動政策，及赤化運動，停止以暴力沒收地主土地的政策。三、取消現在的蘇維埃政府，實行民權政治，以期全國政權之統一。四、取消紅軍名義及番號，改編爲國民革命軍，受國民政府軍事委員會之統轄，並待命出動，擔任抗戰前線之職責。」

但二十九年七月，原駐江蘇北部的新四軍陳毅部隊過江進犯國軍，後者受創甚巨。國府在十二月九日命令新四軍限十二月三十一日以前撤回長江以北。該軍不理，且更襲擊國軍第四十師，政府乃下令制裁，將該共軍全部解散，並拿獲軍長葉挺。

那時國民參政會二屆一次大會不久就開會，中共參政員毛澤東、陳紹禹、秦邦憲、林祖涵、吳玉章、董必武和鄧穎超等七人，拒不出席，而向參政會提出十二條款，作爲恢復出席的條件。參政會鑒於該會是爲團結全國各方面而開，自不能聽任抗戰正在緊急關頭，而團結便開始分裂，故不能不出而調解。但中共參政員態度僵硬，不達目的，決不出席。於是參政會乃決議：

「一、本會於閱悉毛參政員澤東等人致秘書處刪電、董參政員必武等二人本月二日致秘書處函件，暨聆悉秘書處關於此事經過之報告，對於毛、董諸參政員未能接受本會若干參政員與本會原任議長之勸告，出席本屆大會，引爲深憾。本會爲國民參政機關，於法於理，自不能對任何參政員接受出席條件，或要求政府接受其出席條件，以爲本會造成不良之先例。」

「二、本會連日於聆悉政府各種報告之後，深覺政府維護全國團結之意，至爲懇切。一切問題，除有關軍令軍紀者外，在遵守抗戰建國綱領之原則下，當無不可提付本會討論，並依本會決議，以促政府之實行。因是，本會仍切盼共產黨參政員深體本會團結全國抗戰之使命，並堅守共產黨民國二十六年九月擁護統一之宣言，出席本會，俾一切政治問題悉循正當途轍，獲得完善之解決，抗戰前途實深利賴。」

中共參政員後來雖對參政會大會繼續抵制，但中共與政府的商談則並不中斷。三十三年九月參政會三屆三次大會，政府代表張治中和中共代表林祖涵分別在參政會報告商談經過。該會乃決議：「1.組織延安視察團赴延安視察，並於返渝後向政府提出關於加強全國統一團結之建議；2.推薦冷參政員遹、胡參政員霖、王參政員雲五、傅參政員斯年和陶參政員孟和五人，爲視察團團員。」

三十四年七月，國民參政會舉行四屆一次大會，對於中共問題雖未提出討論，但仍有決議，以示關切。它要求：「繼續採取可能之政治步驟，及協調之精神，求取全國之統一團結。本會同人並盼中共方面深體統一團結之重要，使政府所採之政治步驟獲得其預期之效果。」

半年後，三十五年一月十日，舉行由五方面代表所組成的政治協商會議。它是蔣主席和毛澤東重慶雙十會談結論之一，但實爲國民參政會所發動。參政會原想以該會爲基礎，組織一個特別委員會，討論國共問題，後來方改開政治協商會議。

政治協商會議的召開辦法：1.國民政府在憲政實施以前，召開政治協商會議。2.會員名額定爲三十八人。其中分配情形計爲：第一方面中國國民黨八人，第二方面中國共產黨七人，第三方面民主同盟九人，第四方面青年黨五人，第五方面社會賢達九人。第一至第四方面的會員由各該黨派自行推定，第五方面會員則由第一至第四方面共同推定，都由國民政府主席聘任。3.開會時以國民政府主席爲主席。4.會議商定事項，由會議主席提請國民政府實施。

協商會議代表推選結果，在三十八人中，國民黨方面共佔二十一人，中共方面共佔十七人，國民黨顯佔優勢，所以會議結果也差強人意。

政治協商會議自三十五年一月十日至二十一日共開大會九次，分組會議三十八次，所有重要問題都獲得協議。要旨如左：

一、關於政府組織案：1.國民政府委員名額定爲四十人，由國民政府主席就中國國民黨內外人士選任之。2.國民政府委員會之一般議案，以出席委員之過半數通過之，國民政府委員會討論之議案，其性質涉及施政綱領之變更者，須由出席委員三分之二之贊成，始得決議。3.行政院部會長官及不管部會之政務委員均可由各黨派及無黨派人士參加。

二、關於和平建國綱領案：1.遵奉三民主義爲建國之最高指導原則。2.全國力量在蔣主席領導之下，團結一致，建設統一、自由、民主之新中國。3.確認蔣主席所倡導之政治民主化、軍隊國家化及黨派平等辦法，爲達到和平建國必由之途徑。4.用政治方法解決政治糾紛，以保持國家之和平發展。

三、軍事問題案：1.軍隊屬於國家。2.禁止一切黨派在軍隊內有公開或秘密的黨團活動。3.改組軍事委員會爲國防部，隸屬於行政院；國防部內設一建軍委員會，由各方人士參加。4.軍事三人小組照原定計畫，儘速商定中共軍隊整編辦法。

四、關於國民大會案：1.一九四六年五月五日召開國民大會，第一屆國民大會之職權爲制定憲法。2.區域及職業代表一、二〇〇名照舊，臺灣及東北等新增區域及職業代表一五〇名。3.增加黨派及社會賢達代表七百名，其分配辦法另定之。

五、關於憲草修改原則案：對國民政府在戰前公布的「五五憲草」提出修改原則十二項，並組織憲草審議委員會，根據修改原則，參酌各方提出的意見加以整理，制定五五憲草修正案。

但是國民參政會的溝通調處或和平努力，並未爲國家帶來團結和平。三十六年三月二十八日蔣主席在該會惜別茶會致詞，指出中共應任其咎。他說：「今當本會結束之際，個人回想十年以前，政府有一決策，至今引爲遺憾者，即對於共產黨估計的錯誤。政府當時以爲共產黨在民族大義之前，必能放棄其推翻政府，破壞統一之陰謀，而與全國同胞共同戮力於抗戰建國之大業，故容納其參加本會。不料此一錯誤之決定，乃釀成今日之惡果。現在共匪公開叛變，使國家領土不能收復，人民痛苦日益加深，此政府所應負責者。」

但我們以爲也不必過分自責。想當年強敵侵凌，首都陷落，政府設立國民參政會，團結全民，共禦外侮，而說可以不讓中共參加，甚或與它打內戰麼！

策進經建鞏固後方

二十八年，國民參政會一屆四次大會在重慶舉行，而作爲抗戰建國重要根據地的四川和西康亟須加強建設，鞏固心臟。於是該會乃由議長蔣委員長提議：「由大會推選熟悉川康情形，暨對各項建議有特殊學識經驗之參政員同人，於此次大會休會後，立卽組織國民參政會川康建設期成會，由期成會組成川康建設視察團，分赴川康各地視察，並根據視察實況，擬定川康建設方案，建議政府採納施行。」該案經討論後，決定原則通過，惟視察事項以及視察團應否酌約會外專家參加，授權議長決定之。

在第四次大會後的十月二十五日，奉蔣議長核定國民參政會川康建設期成會組織規則，要點如次：

一、本會以議長爲會長。

二、本會在四川省設四辦事處，在西康省設二辦事處，分負督促各該省推進建設之責。

三、本會由議長指定參政員二十五至三十人爲會員組織之，並由會長指定其中七人爲常務委員。

四、本會設顧問會員十人，四川七人，西康三人，由會長就川康兩省參議會參議員或兩省紳者中聘任之。

五、本會各辦事處，各置主任一人，顧問會員一人，由會長就本會會員及顧問會員中分別指定一人充任之。

璜經蔣議長指聘爲常務委員兼成都辦事處主任，後更兼任川康視察團團長。視察事項，重在吏治、兵役和征糧等三者。至於經濟建設，雖在視察中也加以相當注意，並派有專家爲隨員，迭有報告，但那是參政會三屆二次大會民國三十二年九月決議而設置的國民參政會經濟建設策進會的主要任務。

經濟建設策進會原名經濟建設動員策進會。三十一年三屆一次大會，由於國家總動員會議提出加強管制物價方案報告書，大會決定組織經濟動員策進會，以輔助國家總動員法令和戰時經濟法令的實施，並協助推動各級業務，以期切實管制物價，鞏固經濟基礎。經濟動員策進會由全體參政員爲會員，總會設於重慶。

經濟建設策進會也以全體參政員爲會員，每一會員須就工作事項中擔任一項或數項，由各會員自行認定，即在其居住或服務地點執行工作。其中由會長指定四十一人至四十九人爲常務委員。

該會總會設於國民參政會內，兼理重慶市和川中區的工作。總會設置經濟動員和經濟建設兩組，由會長就常務委員中指定三人爲經濟動員組駐會常務委員，五人爲經濟建設組駐會常務委員，辦理經常工作。下設川西、川東、西北、湘粵桂贛和滇黔五區，每區設一辦事處。凡所報告建議和調查考察結果之事屬重要者，由該會會長咨請政府採行，其可就地商辦者，由各區辦事處依照規定手續，商請地方軍政長官或各級主管機關辦理之。

連同川康建設期成會和經濟建設策進會在內，該會前後共歷六年，對於推動協助和監察國家經濟的現代化，貢獻頗多，賢勞可佩。

結語

國民政府於民國三十七年三月二十九日舉行第一屆國民大會，實施憲政。國民參政會以任務終了，乃於前一日（三月二十八日）宣佈結束。前後歷時長達十年。國民政府蔣主席在惜別茶會中致詞，對國民參政員備致推崇。他說：「國民參政會成立迄今，已屆十年。此十年中，各位同仁團結一致，協助政府，以完成抗戰使命，實爲本會對於國家民族不朽之貢獻。」

後來前參政員胡適之先生對「在臺參政員聯誼會」也指出：「十年中參政會在國家危難中幾經演變，第一屆參政員全部爲政府聘請，以後漸漸的一部分人由選舉產生，最後由選舉產生的更是日漸加多。雖然參政會不是一個立法機關，但是它的分子卻代表抗戰時自由中國的一時人望，它的討論與決議，的確也代表了當時的一般輿論。」

我們現在緬懷過去，深覺在那十年中對國民參政會貢獻最大的，首推蔣中正先生。因爲他先後擔任國民參政會的議長和主席，同時兼任憲政實施協進會、川康建設期成會、經濟動員策進會以及經濟建設策進會的會長。在那十年中，他對會務的推動和協調，對團結的關切和維護，對民主的熱心和策進，苦心孤詣，勞神耗力，成就很大，賢勞可念，功不唐捐，永垂不朽。

（註一）：國民參政會第一屆參政員名單

甲、依照國民參政會組織條例第三條（甲）項規定選出者：

江蘇省	張一麐	顧子揚	冷　遹	江恒源
浙江省	褚輔成	陳其業	陳希豪	周炳琳
安徽省	常恒芳	光　昇	梅光廸	陶行知
江西省	李中襄	王造時	王冠英	王又庸
湖北省	孔　庚	喻育之	黃建中	陳　時
湖南省	胡元倓	仇　鰲	許孝炎	楊端六
四川省	邵從恩	謝　健	張　瀾	胡景伊
河南省	杜秀升	胡石青	王幼僑	馬乘風
山東省	王近信	孟慶棠	王仲裕	張竹溪
河北省	耿　毅	王葆眞	張伯謹	王啓江
廣東省	伍智梅	黃元彬	李仙根	楊子毅

山西省	李鴻文	韓克溫	梁上棟	
陝西省	茹欲立	李元鼎	郭英夫	
福建省	胡兆祥	秦望山	宋淵源	
廣西省	林　虎	黃同仇	陳錫珖	
雲南省	李培炎	隴體要	羅　衡	
貴州省	王亞明	黃宇人	吳緒華	
甘肅省	喇世俊	駱力學		
察哈爾省	席振鐸	馬　亮		
綏遠省	潘秀仁	榮　照		
遼寧省	孫佩蒼	張振鷺		
吉林省	莫德惠	王家楨		
新疆省	張元夫	麥斯武德		
南京市	陳裕光	盧　前		
上海市	王志莘	陶百川		
北平市	陶孟和	陳石泉		
青海省	李　洽			
西康省	姚仲良			

寧夏省　周士觀
黑龍江省　于明洲
熱河省　譚文彬
天津市　張彭春
青島市　楊振聲
西京市　田毅安

乙、依照國民參政會組織條例第三條（乙）項規定選出者：

蒙　古　倉吉周威古　榮　祥　何永信　李永新
西　藏　喜饒嘉錯　丁傑呼圖克圖

丙、依照國民參政會組織條例第三條（丙）項規定選出者：

莊西言　陳守明　李尙銘　張振帆　李清泉　周　崧

丁、依照國民參政會組織條例第三條（丁）項規定選出者：

張君勱　甘介侯　黃炎培　顏惠慶　史　良　秦邦憲　陸鼎揆　陳輝德　錢端升　鄒韜奮
蔣方震　施肇基　張東蓀　沈鈞儒　陶　玄　胡健中　吳貽芳　陸費伯鴻　徐柏園　錢永銘
劉百閔　張肖梅　周星堂　張劍鳴　徐　謙　胡　適　陳紹禹　杭立武　章伯鈞　奚　倫
羅家衡　羅隆基　程希孟　盧　鑄　許德珩　陶希聖　劉叔模　董必武　余家菊　陳啓天
劉王立明　張忠紱　居勵令　左舜生　毛澤東　楊賡陶　成舍我　林祖涵　范　銳　章士釗

彭允彝　周　覽　鄧飛黃　晏陽初　李　璜　曾　琦　朱之洪　吳玉章　喻維華　陳豹隱
任鴻雋　張伯苓　梁實秋　侯樹彤　張申府　傅斯年　范予遂　李聖五　羅文榦　劉蘅靜
徐傅霖　韋卓民　鍾榮光　譚平山　顏任光　常乃悳　張奚若　張熾章　胡文虎　陳嘉庚
王世穎　江　庸　歐元懷　王雲五　陳博生　鄭震宇　馬君武　梁漱溟　張耀曾　杜重遠
高惜冰　齊世英　王卓然　錢公來　劉　哲　郭任生　陳經畬　于　斌　鄧穎超　溥　侗

遴選也能算是民主麼？

民國七十五年五月一日，《聯合報》舉行「充實國會，維護憲政」座談會，百川應邀參加，談到中央民意代表的遴選問題。我說：遴選不是最好的辦法，但能用以減少既得權力對開放政權的憂慮，而能引導它走上民主進步的道路。所以我方才介紹了南韓國會的遴選制度，並引英國上院的封贈制度，說明政治必須因地制宜因時制宜，有如一位詩人所諷頌的：「讓愚人們去討論政治，行得最好的，就是好政治。」

按：南韓三分之一的國會議員是由總統提名，將候選人名單提請國民會議投票表示同意或反對，但國民會議不得修改或增刪。如全部名單不能獲得國民會議全體代表二分之一以上的同意，總統應酌加更改，再行提出，直至全部獲得同意。

在第二次提名名單送與國民會議後，該會議的代表得以五分之一人數的連署，提出候補議員的名單，經二分之一以上的同意列爲候補議員，以後依次補充缺額。但普選產生議員的任期是六年，而遴選議員則是三年。

又，英國上院九百多位議員，全部由英王封贈，除來自愛爾蘭的幾名代表外，無一民選，但下院議員則全部民選。

按：南韓現政權是革命起家，要它還政於民，必須稍加安撫，使它在交出政權後尚能保留一些殘餘權力，使它免於恐懼而能相安無事，相忍為國。英王從前的心態也是如此。英國上院的權力現在固然旁落，但乃是多年來和平演變的結果。如果當年一下子就想把英王的立法權剝奪到現在這樣微小，我怕英國已為爭民權和保皇權而鬥得難解難分，自不會有民主模範那些佳話了。

鑒於這些範例，我在幾年前主張國民大會大陸地區的新代表由總統遴選，自由地區則完全普選，而立法委員和監察委員則全部普選。這樣我覺得也沒有甚麼不好（民國八十年註：但現在我已改變那個遴選構想，而主張普選了）。

至於實施辦法，我主張修改臨時條款第六條第二款，在原文「大陸光復地區，次第辦理中央民意代表之選舉」之後，新增「在大陸未統一前，其中央民意代表，總統得訂頒辦法，由自由地區選民以保障名額普選之」。然後參照選舉罷免法第六十五條婦女當選保障辦法，在選罷法中規定將大陸地區候選人所得選票單獨計算，以得票較多者為當選，但其人數不得超過總額的四分之一。

七十五年五月二十五日

遴選和參政會已無補時艱

××先生勛鑒：

本月十七日上午十一點半我到報館去看你，因爲報紙已在拼版，你們都已走了。回寓後收到你寄來你的提案的修正稿，你這樣鄭重其事，我自當提供一點淺見，供你參考，並報盛意。

你在提案中主張減少三個中央民意代表機關的名額，主張現任代表年齡在七十歲以上者概行退休並優予照顧，以及主張結束第一屆改稱第二屆，任滿俱各改選，凡此各項，兼顧事實和法理，都很卓越，我很欽佩。但對監察委員可以遴選一節，則不能苟同，可惜尊案對此沒有說明，好在他人亦有嚮往遴選者，現就一般看法略作評議如下：

一、立法機關需要專家學者，而專家學者多不長於競選，透過遴選，可以爲事擇人，所以尚值得一試。但監察院是風霜之任，它所急需的不是專家學者，而是奮發凌厲直言切諫的人，不是當局所願或所能遴選的。我國歷朝御史固皆出於「御賜」，但因此皆被「御用」。他們所最關切的乃是王室的好惡。所以秦始皇的御史且成爲焚書坑儒的執行人。御史當然也有好的，不過可遇而不可求。而這所謂「不可求」，就是「御派」制度的先天弱點。遴選之弊恐怕也不能全免。

二、但是遴選制度在我國卻有一項極輝煌的歷史——迄今尚爲國人所讚揚的國民參政會的參政員，乃是政府所遴選的。因此有人以此爲論據，不獨主張中央民意代表大可出於遴選，甚至主張設立另一個「國民參政會」（當然不用這個名稱），與現有中央民意機關並存，甚至取而代之。但是問題不是這麼簡單，情形尤不相同。我曾連任四屆參政員，知之較詳，試將其與現狀作一比較。

第一、參政會所以見重於當時，乃因它當初確實收到了團結的效果。那時代表國內各種勢力的政黨、團體和個人，幾乎都羅致在內，其中最重要的是在野的黨派。但是它們的代表，都是它們自己指定的，政府照發聘書而已。例如共產黨的代表七人，包括毛澤東和周恩來（最後加入），青年黨七人，包括曾琦和陳啓天，民社黨七人，包括張君勱和張東蓀，救國會七人，包括沈鈞儒和鄒韜奮，凡此都很富於代表性。可是現在的情形就大不相同了。

第二、我國積數千年的專制統治，後來民國成立，先是軍閥割據，後是以黨治國，所以國民參政會成立以前，從無名實相符的人民代表機關。參政會網羅了全國的實力派和各方碩彥，富於代表性，且在抗戰正烈時期，國民乃不由得寄以厚望。可是現在實施憲政業已多年，即使再來一個「國民參政會」，但大權仍操於國民大會、立法院和監察院，如果人選適當，或能一新耳目，但因不能代替現有的民意機關，對國事並無多大實益。

這與尊案並無關連，本可不說，但恐有人將參政會的成績歸功於遴選制度，所以略述它的歷史任務，表明其與產生方法沒有必然的關係。換句話說，即使現在再來一個參政會，而且也出自遴選，竊恐未必能有當年的效益。至於以遴選方法產生監察委員，理由已如上陳，自更期期以爲不可。我以爲尊案既主張修改憲法臨時條款，以選舉方法產生新的國大代表和立法委員，則對新監察委員的產生方法，何獨摻入遴選一道，似乎尚可考慮。

以上所陳構思和執筆，都在會場嘈雜氣氛中匆促爲之，自愧無益於高明，不過聊申一種看法而已。順請

撰安

弟陶百川上

十二月二十一日

臺灣民主發展維艱

政治改革與行路穿鞋

從今天這個民間國建會的開幕典禮，我想到政府多年來每年舉辦的國建會，它對國家的建設曾有相當貢獻，但它近年來不談政治問題，取消了政治組，於是國建會就沒有研討憲政、法治和人權等重大政治問題的機會，而這些問題在國家建設方面卻具有關鍵作用。現在民間國建會起而努力，加以補充，我對張氏基金會和國家政策研究資料中心以及主持人張榮發先生和蔡主任的高瞻遠矚，很感欽佩。

我很榮幸，奉邀參加憲政改革組，現在又應邀作開幕演講，「三句不離本行」，我就從憲政說起。

國史很長，憲史太短

提起憲政，我深感我國雖有四、五千年歷史，但憲政的實施，爲期卻祇有三年。而同爲文明古國的希臘和羅馬，二千五百多年前就有憲政，英國的大憲章已有七百多年，法國的大革命和美國的獨立戰爭，也有二百多年。我國古代的民主思想也頗發達，例如孟子所說的：「人民最尊貴，國家第二，皇帝最輕」。但這些都是少數聖賢個人的民主思想，而不是憲政。七十八年前，辛亥革命民國成立，可是孫中山先生的臨時大總統，壽命祇有三個月，就讓位給袁世凱，而袁卻取消了民國，自稱皇帝。後來又是軍閥割據，連年內戰。直到民國十八年國民黨統一全國，開始訓政，但它宣佈訓政和黨治祇以十年為限，期滿將還政於民。八年以後，憲法草案公佈，制憲國民大會的代表都已選出，我也當選為代表。但十年以後，民國二十八年，中日戰爭禍及全國，政府不能召開國民大會和制訂憲法。等到抗戰勝利，民國三十六年一月，現行憲法公布，但中共作亂，兩年半後中央政府退出南京，遷來臺灣，繼續實施戒嚴，以致憲法保障的人權自由和政府應循的憲法常軌，多半未能落實。

幸而民國七十六年，政府解除戒嚴，於是報禁和黨禁都失去了依據，而人民的言論自由、出版自由、新聞自由、講學自由、人身自由、集會自由和結社自由以及相因而生的組織政黨的自由，都能落實在憲法的保障下因運而生。

解除戒嚴還有一項特別顯著的功德，是國家結束了軍事管理，改行民政管理，結束了軍事審判，改行司法審判，並從而杜絕軍事統治的危機。

由此觀之，我國的憲政或憲法之治，在數千年歷史中最近三年方才開始，也就是說，祇有三年長的歷史而已。所以難怪現在的憲政還不夠完美。

但是就連這個成就也是得來不易，其中貢獻最大的，乃是蔣經國先生，他在三年半前就要中央黨部成立小組委員會研究開放改革的六大議題，後來的解除戒嚴和其他民主措施，都是他領導實行。今天在座的許多專家學者也鼓吹推動，出了大力。例如胡佛教授所呼籲的「回歸憲法」，最初曾受排斥，但他一直堅持，現在則已成爲共識，可喜可賀。

可是憲政現狀尚難使人滿意，而亟須繼續改革。例如作爲憲政最重要的一環，國會的結構和功能，迄今尚待改善，又如言論自由和集會自由，也因開放而被濫用的流弊，也頗驚人。如何導上正軌，甚至何謂正軌，都有賴於專家學者繼續努力。

民間國建會的憲政改革以及其他五個研究報告今日就可定案，我現在要講兩個故事，希望它們有助於各位的判斷。

記取拉斯基的妙喻

四十多年前，美國曾爲總統制和內閣制舉辦過一次大辯論。參加的人都是英美兩國政治學的一時之選，例如爲總統制辯護的是哈佛大學名教授普拉斯，爲內閣制辯護的是英國倫敦政經學院名教授拉斯基。拉斯基在結論中有幾句話很能發人深省。他說：「我希望現在的討論已經獲致一個結論，那就是國會制（內閣制）與總統制的比較所涉及的問題遠較普拉斯先生所願承認者複雜，所以我不應該宣稱一種制度較好於另一種，我也不認爲國會制比總統制更適合美國人民的理想。」

其故何在？拉斯基教授做了一個有趣的比喻，他說：「政府制度很像一雙鞋子，鞋子爲腳而設，所以必須適合腳的尺寸，但是我也要大家記得穿鞋的另一個原則，就是鞋子必須適合穿鞋的人所想走的道路。」

如果讓我加以引申，我得指出，鞋有多種，有適合爬山的草鞋，有適合競技的運動鞋，而不僅是用於走平坦之路，或在客廳或在臥室所穿的華麗輕便的休閒鞋。各位今天正在爲國家製作鞋子，我希望它能適合國家現在應走和能走的道路。

走向天堂也向地獄

然則我國現在應走和能走什麼樣的道路呢？請原諒我再引述一個英國世界級的大文豪狄更斯那本名著《雙城記》那個開場白：「它是美好的時代，也是惡劣的時代；是智慧的時代，也是愚蠢的時代；是信仰的時代，也是懷疑的時代；是光明的季節，也是黑暗的季節；是充滿希望的春天，也是使人失望的冬天；我們的前途充滿了一切，但甚麼都會沒有；我們一直走向天堂，也一直走向地獄。」

我們不幸但也有幸而生在那樣一個大時代，而且面臨錯綜複雜的幾條道路。但是如果我們把國家統一和臺灣獨立的問題也一併考慮，把現在的六大問題擴充爲七大，則情形將更爲嚴重。這個統獨問題是不能視而不見的，它將逼人而來，我們必須及時做好研究和準備，包括處理的目標、原則、方法和程序，也就是我國應走和能走的道路以及所穿的鞋子。我建議基金會和研究中心早日準備。

敬祝大家成功，諸位健康，繼續努力。謝謝！

七十八年十二月二十六日

自由民主新發展

一

臺北獅子會的張會長邀我談談美國情形，但「一部二十四史不知從何說起」。正在苦思之時，恰好司法院的謝院長送我一本好書，名叫 *Gidron's Trumpet* 。這書不獨有趣，而且很有意義。作者是美國《紐約時報》的一位名記者。故事是這樣的：

一九六一年紀迭安犯了竊盜罪，被法院判處徒刑。官司一直打到美國聯邦最高法院。一位很有名的華盛頓律師傅特士爲他義務辯護。這位律師現在已是美國最高法院法官之一。該案經他辯護結果，最高法院撤銷了有罪的判決。後來經佛羅里達州一個法院宣告無罪。

最高法院所以把紀迭安的判決撤銷，理由不是說他沒有竊盜，而衹是說他在初審時沒有請得律師爲他辯護。原審法官問他律師何不請來。他說沒有錢，並請法院替他請一位，爲他義務辯護。法官說：「假定你的最低本刑是死刑，政府可以替你請律師並由政府負擔費用。現在你罪不致死，所以政府不能這樣做。」於是就沒有人爲他辯護。

最高法院認爲紀迭安雖有相當知識，但與代表國家控訴他的檢察官比較之下，他的法律知識、法律經驗和訴訟能力，都遠不可及。他顯然是一位弱者，所以理應有人爲他辯護。這就構成宣告無罪的理由。

過了幾天，我看到中央黨部政策委員會副主任委員阮毅成先生，他說：中央政策委員會現正考慮一個刑事訴訟法問題，各方意見尚不一致。原來現行刑事訴訟法規定被告在偵查期間不准請人辯護，因爲偵查是秘密的，不公開的。等檢察官起訴之後，被告方准請律師。這條刑事訴訟法經立法院法制和司法兩委員會建議修改，就是偵查期間也可請辯護人。

我獲悉這經過以後，方才想到謝院長所以送我那本書原來很有意義。但是美國法律對於人權的保障，現在已經大大超過紀迭安案判決的範圍了。大約四、五個月前美國最高法院又下來一批判決，眞是驚天動地。有四個案子，原都被判罪刑，但都被撤銷了。最高法院的理由，是說：審判時被告沒有請得律師，可成爲撤銷的理由，即使在警察局調查的時候，也應准許被告請律師。依照最高法院這些新的判例，以後警察局訊問犯罪嫌疑人：第一句話應該說：「我現在問你，但你有權不答覆。」第二句應該是：「你有權請律師。你有沒有請到律師？」第三句話：「在你律師沒有請到之前，我不問你，你也可以不答覆我。」第四句話：「你假使無錢請律師，我們可以替你請。」

一般預料，在這種情形下，被告一定不答覆，一定要請律師，甚至說沒有錢，請政府救濟。

對於最高法院這個革命性的決定，有人喝彩，也有人嘆氣。嘆氣的人認爲這樣就把警察的武裝都解除了，甚至連警察用於犯人的手銬，卻要套在警察的手上了。但是贊成和喝彩的人，卻認爲你要保障人權，就得這樣保障。在審判時既准請律師，那麼「案重初供」，在警察局問話的時候，自然也得准許請律師了。

美國對於人權的保障，已經發展到這個地步，眞是難能可貴，縱有偏差，但祇是一些副作用，不應根本反對。至於在偵查時應讓被告有請律師的機會，有請律師的權利，我認爲更是「天經地義」，非做不可。

二

現在我要說到保障人權法治的另一些故事。

上月底，美國參議院已故的「共和黨先生」塔虎脫參議員的兒子小塔虎脫，從越南來到臺北。美國大使馬康衞請他吃飯，邀我做陪客。馬康衞大使在介紹我的時候，說明監察院和監察委員的性質。小塔虎脫似乎恍然大悟，對我說：「你是一位Ombudsman」。

按「Ombudsman」乃是一個瑞典字，是瑞典國會的一位「監察使」，代表國會行使一小部分的監察權。他代表國會接受人民書狀，經他調查後，提出類於我國的糾擧案和糾正案。所以人民對稅務機關不公平的待遇，或被警察虐待，或被法官屈斷，或對政府有所申請而被拖延不辦，總而言之，政府人員違法失職，以致損害人民的權利，他們都可告到監察使那裏去請求救濟。

這個監察使制度在瑞典已有一百五十多年的歷史。在這以前，人民有所申訴，常向本區的國會議員提出。但他收到人民書狀以後，苦於無法辦理。因爲他既無權調閱案卷，也無權傳訊當事人。於是才建立這個監察使制度，以補缺憾。他有權調查，有權糾舉違法失職的人，有權要求政府改善它的某種措施。甚至要求國會彈劾。

這個 Ombudsman 制度，先由芬蘭仿行，後來挪威、丹麥和紐西蘭也接著採行。本年八月五日的《紐約時報》登有倫敦電訊，說英國已派康普頓爵士爲第一任 Ombudsman，年薪二萬四千五百美元，辦公經費五十六萬美元，專爲老百姓平其所不平。

美國方面，十年前還不知道這個新名詞。現在聯邦國會已有議員提案仿行。紐約州和加州的州議會都在討論可否採行，而紐約市的納瑟區則已置有這樣的監察專員了。

這個制度，很像我國古代的御史，也像今日的監察委員。但後者的地位較高，權力也較大。

以英國和北歐各國那樣的政治清明，國會健全，尚須另有監察人員以勤求民隱，疏導民情，以促成政治的進步，足見我國的二千多年的監察制度確有理論上的價值和事實上的需要，如能善盡職責，對於人權的保障和法治的促進，將會有重大的貢獻。

臺灣前途與民主運作

七月三十一日，我應史旦福大學中國文化學會的邀請，演講「臺灣前途與民主運作」，連討論時間在內，共達三小時，由莊克仁兄記錄。本文乃是其中的一小部分，得經我稍加補充。

一

關於臺灣的前途，它有幾條路可走。第一、也是最好的，便是「中國統一」，也就是和中共統治下的大陸合而爲一。但是由於中共不肯放棄「四個堅持」，臺灣和大陸「統一」起來，等於要臺灣也變成共產黨，受馬克思、列寧、毛澤東思想的控制，這是不可能的，也是要不得的。然而，臺灣因爲受地理、自然和人口等條件的限制，目前的發展，已經瀕臨極限，用長遠的眼光來看，我們祇有放眼到大陸，則不論個人事業或國家前途才能海濶天空，無可限量。所以我們還須追求國家的統一。

記得去年我曾在答覆《美聯社》記者訪問時指出：目前臺灣海峽的情勢是「不戰不和」也就是所謂「冷戰」，雙方雖想統一，但距離眞正的和平還很遙遠。將來是否會突破，進展到第二階段，也就是我們和中共「和平共存」、「和平競爭」，我很懷疑中共會給我們這個機會，因爲中共也許將認爲通過「熱戰」達成統一，乃是最好的辦法。因此和平統一是否可能，在我們的努力外，還是要要上帝保佑。

臺灣的第二個前途是「臺灣獨立」。這種「獨立」可分兩種：一是「臺灣對中共的獨立」，也就是臺灣獨立於中共統治之外，不跟中共合併。如果如此，臺灣事實上現在已經獨立了。因爲中華民國的國號、國旗和法統，與中共那一套迥然不同。至於主權，中華民國和中共雖都聲稱擁有對方的主權，但事實則三十多年來臺灣的統治權不能伸延到大陸，而大陸的統治權也不能控制臺灣。因此，就土地人民和主權等國家組成要素而言，雙方在統一前都是獨立的。

第二種「臺灣獨立」是「臺灣獨立聯盟」所主張的那一套，它要求更改國號國旗和國憲，另外成立一個新的國家。於是由中華民國憲法產生的權力機關都得改變，凡是立法院、監察院和國民大會從大陸選出來的委員和代表，應該全部由臺灣一千八百萬人重行選舉。

對於第一種獨立，可以用四個字來表達，那就是臺灣和大陸是「藕斷絲連」，而「臺獨」則主張藕斷絲也斷。

「臺獨」也許以爲換了旗號能得到世界各國的承認。但就以美國來說，這就不可能。要是美國能承認，它便不會跟中華民國斷交了。他們又以爲臺灣獨立就能再進聯合國，但不要忘記中共擁有否決權。現在廖承志還給中華民國寫「情書」，如果換了「臺灣共和國」，中共所寫的將是

「哀的美敦書」了。

二

臺灣前途的第三條路是「革新保臺」。面對國內外情勢，「臺灣好，臺灣要更好」。我們的政治經濟和軍事都要更堅強，國內外還要更團結，而關鍵則在更民主。所以我得談一談臺灣的「民主運動」。

這次四位黨外人士康委員等訪美期間，經常強調有了他們，臺灣政治才有競爭，才有監督，才有制衡。有人以為他們說得過分，但我以為相當近似，而且還嫌不夠。

因此，我認爲執政黨對選舉尙可放鬆一點。我以爲立法院人數祇要有百分之五十幾的黨員，就能鞏固政權，其餘百分之四十幾，黨部不必提名，不妨讓其它黨派和無黨派人士以及未獲提名的人去競爭和當選。這將使臺灣政治因競爭而愈能進步。但國民大會則爲法統之所寄，我希望執政黨能佔三分之二的席位，以保持憲法的穩定。英國上下兩院議員產生的不同方法和運作的不同功能，可供參考和深思。

康委員指出，他第一次到美國訪問時祇是一個人，現在是第三次訪美，乃是組團而來，而且國內有三家報紙派記者隨團採訪。我相信他們回去之後聲勢必定更壯大，康委員是眞的「出頭天」了。

但是臺灣目前的民主運作還談不到「制衡」，而祇有一些批評。這樣也好。我曾主張「政治永遠需要批評」，因爲如果有批評，有監督，政治不但不會腐化，而且會更進步。這就是我以執政黨一分子而竟主張應有強大的黨外力量來參與政治的理由。

所以，如果我們承認政治需要批評，批評促成進步；如果我們也承認年來黨外議員提供了較多的批評，雖然未必盡善盡美，但是從而對政治已有貢獻；如果我們更承認黨外的批評力量還太小，不能發揮制衡的功能，而我們的政治制度是允許和支持制衡的，——如果如此，則爲了臺灣要更好，而主張容忍黨外的政治力量，以加強民主運作，我這主張，應該能得同志們的理解和諒解吧。

因此，我一直強調言論自由，包括新聞自由和出版自由。因爲必須有了這些自由，批評方有可能，革新方能落實，團結方能增強，於是臺灣乃能確保，並進一步與中共逐鹿中原。

一位同學問我：「陶先生主張開放言論，對目前臺灣這個時機是否適當？民衆是否會被不當言論迷惑？會不會對國家社會造成不良的後果？」

我指出：言論尺度雖尚須放寬，但不得放到「無政府」狀態。國家仍可加以管理。它的法律就是出版法。當民國四十七年修訂出版法的時候，我表示反對。因爲我認爲修訂後的出版法，比起抗戰時期還要嚴峻，實無必要。但是該法既經修正，我們都應支持和遵守。個人如此，政府尤須以身作則。於是執行出版法的機關，應該是行政院新聞局，而不必由警總另行訂定「動員戡亂時期出版品管制辦法」來代行職權。

其次，我認爲報章雜誌批評政府如與事實不符時，政府便應依據出版法函請該報章雜誌在同一版面，予以更正或登出辯駁書，使讀者能兼聽則明。

此外，出版品如有違法記載，當然應受取締，但也應准許出版人加以修改，而修改後應該准許發行。

對於有些違法記載的取締，出版人如果表示不服，一般民主國家的辦法是訴請法院解決，我國則由上級機關依訴願法程序處理，出版商如果不服，可以訴之於行政法院。但是鑒於該院判決人民勝訴的比例祇有百分之十二左右，顯欠公正，我建議政府機關或行政法院應就系爭事項邀請專家予以仲裁，將其結果送供採行。

上陳辦法，乃是法所應爲，理所當然，勢所必至，也是「卑之無甚高論」，但迄今未荷採納。特再呼籲，以利自由而福國家。

與客論臺灣的自治民主

上月二十三日上午，我在監察院接見西德學人杜勉教授等四人。他們都在柏林自由大學教書和做研究，這次來臺是爲考察本省的地方自治。他們事先約定要和我談的也是那個問題。

一

杜勉教授第一個問題：他們曾與本省許多議員談到議會的組織和活動，他們都嫌職權太小。例如他們說監察政府和公務人員的權集中在監察院，對於財政和決算的審核，也由監察院的審計部全權辦理，議會無權過問。他問：「監察院如何工作？與地方議會發生甚麼關係？」

我說，我國在行政和立法方面採取均權主義，就是說，中央和地方各有行政權和立法權，由憲法規定它們的範圍和分際。但在司法、考試和監察方面則由中央集權，就是說，由中央直貫於地方。

我又指出，但地方議會得用質詢權、建議權和調查權，行使一部分的監察權。但對地方官員的彈劾，則須請監察院處理或請省議會所選舉的監察委員辦理。因爲省議會掌有對所選監察委員

（每省五人）的罷免權，後者自會盡量尊重省議會的意旨。

二

至於審計工作，我說，我們在省設有審計處與省議會密切聯絡，監督預算的執行和稽核財政的收支。省審計處須向省議會提出年度總決算審核報告或專案報告，由省議會加以審查和提出建議。

我又指出，可惜縣市還沒有審計機構，而縣市議會又不得代行審計職權，所以縣市預算的執行和財政收支可說無人監督。審計處雖派出二十三人加以抽查，然每縣市平均僅有一點一人從事每年三億餘元（二十縣市的平均數）收支帳目的審查，自然無濟於事。現正力謀改進。

問：「何以有這現象？可望怎樣改進？」

答：我們建議每縣市設立審計室，配置十四人從事審計工作。過渡時期，則擬加強抽查，以後可望增加一倍的人力和經費。

另一位教授葛因樂先生追問：「何以縣市審計機構迄今不能設立？」

答：其中原因之一，是一部分立法委員認爲縣市審計工作應由縣議會去辦，不宜集權於中央或省，所以不贊成由屬於中央系統的審計部或審計處去設立縣市審計室。

我告訴他們，我曾提過一個折衷辦法：縣市審計室主任可由省審計處長提請縣市議會同意任命，受縣市議會的指導和省審計處的監督。

三

話題轉到地方選舉問題。杜勉教授問：「我曾幾次來臺灣，每次都想找你一談，但你都到美國去了。去年臺灣的『大選』你在國內麼？」我說：「在」。他又問：「那次選舉，你認爲公平麼？你滿意麼？」

我答：「很公平，但我認爲方法尚可改進。」一部分限制尚可放寬，例如助選員和投票開票的監視人員尚可增加。

葛因樂先生指出：「許多限制據說都是爲了節約，沒有錢的候選人應該贊成。」足見他很了解臺灣的情形。

我說：政府無論怎樣力求節約，但錢多者仍佔便宜。錢已成爲民主選舉無可避免的惡奴。但競選活動限制過多，徒苦沒有錢的候選人，因爲他們本來祇是以活動爲本錢的。

四

話題又回到監察院。葛因樂先生問：「政府何以不准臺灣省補選所缺的兩名監察委員？是否政府不喜歡監察院？」這兩個問題，我已在別處被問過多次了。

我說：主要的理由，據說是立法委員和監察委員的任期都滿，沒有延長，所以「無缺可補」。

客問：「任期既滿，你們何以尚可行使職權？」

我答：所以任滿而不補選之說，不能令人心服。主要的原因，恐怕是為拒絕一批候補立法委員的遞補。

客難我：「但是監察委員沒有候補問題呀！」我想不到他們以外國人而竟這樣留心和懂得我們的問題至於這樣的深刻。

杜勉先生問及青年黨和民社黨的情形。我說在監察院的範圍內，他們都已盡了友黨的責任，其中青年黨的貢獻尤多。

五

時間已到十一點十分，工友通知我另外所約的人已來了。杜勉教授請我再稍坐一下，由葛因樂先生提出最後的問題：「很多省議員認為權力太小，不能有多大作為，但仍有很多人競選。你對此有何意見？」

我的意見是這樣的：省議會的職權可說已應有盡有。例如有關人民權利義務的單行法規、預算和省有公產的處分，省政府必須執行省議會的決議，如不接受，必須申請覆議。省議會也還有其他權力。但中國不是聯邦制國家，所以省的法制不能與中央的牴觸，省議會的功能因而多少受著中央的節制。

此外，我又指出：中國有句常諺，叫做「事在人爲」。省議員並不易做，自身必須勇敢、專心和自尊，方能有更大的作爲。

五十八年九月二日　臺北

與友人論「革命」「民主」「革命民主」和「美式民主」

三年前敝寓晤敎，長談爲歡。關於先生和許兄的憂憤國事，痛論時政，迄今還留有深刻的印象。年來閱讀貴刊，對先生所自忖的「年輕氣盛，下筆激切」雖有同感，頗覺惋惜，但略跡原心，仍對先生寄以關切並期其改進，當荷鑒詧。

日前看到大作〈敬答陶百川先生〉，辭婉和而義嚴肅，不像時下二三打手論客的造謠而不能惑衆，害人而遺臭子孫，對於他們的批鬥我一向不屑置理，但對先生你的批評，我極願另眼相看，鄭重辯解。

首先，你引我〈困勉回憶〉中的話：「所以我希望那些太不民主的行動能夠結束停止，免爲親者所痛，仇者所快」，從而批評我：「太不民主之行動」，似嫌言重矣！你的理由，是「蓋所謂民主，理應包括各種意見均可依法表達之含義，不能專指倡言反對國策者方屬『民主』，其他不屬此類言論皆爲『不民主』也。」

對這論旨，我不獨贊成，而且生平常爲這項原則和精神也就是所謂言論自由而奮鬥不已。

可是你卻錯怪了我，因爲所謂「太不民主」，是我原文「太不明智」之誤，是我向《自立晚報》記者電話修改時被聽錯和排錯了。可是我在當天下午見報時立即以限時郵件要求該報更正，第二天即經更正，你可能沒有看到，以致誤加責備。

我順便指出另一錯誤：報載原文「結束停止」乃是「即速停止」的誤聽誤排，我和該報也已一併快速更正。錯誤的原因很簡單，祇是「民主」和「明智」以及「結束」和「即速」聲音類同，而我的國語又說得不好。

但這是小事，說穿便了，我所仍有不能已於言者，乃是這一小事引起我們對「革命」和「民主」的認識問題。

何謂革命？它有廣狹兩義。以廣義來說，宇宙間一種事物的根本變革，無論是用和平方法或暴力手段，都可稱爲革命，前者例如工業革命，後者例如法國大革命。而狹義的革命，通常多指政治革命。

至於就一種事物的根本加以損益，或加強它的長處，或減少它的害處，那是革新，而不是革命。

然則大作所強調的革命，是革新還是革命？是廣義的革命還是狹義的革命？如果是革命而不是革新，而且是狹義的政治革命，則在此刻此地似乎不宜強調。因爲如果「革命」「革命」的

「父以教子，師以教弟，長官以教屬僚，將帥以教士兵」，難道不怕我們的道統或法統，我們想竭力維護和保持的政權和秩序，會在有意無意中被誤導而變成革命的對象麼！（這「被誤導而」四字是作者後來去函加入的）

但是證以你在大作中曾說：「索忍尼辛非常了解此點，所以他說我們『需要戰鬥』而不必說『需要民主』」，是則你所強調的革命，可能就是戰鬥，如果如此，自可減少此刻此地強調「革命」的流弊，但仍須注意戰鬥不可濫施，不可用以對付反共的人。否則乃是誤解或扭曲了索翁的本意。

「因爲在他提到「戰鬥」的一段講詞中，他說得很明白：「貴國的經濟成就和民生富裕具有雙重特性：一方面它是全中國人民光明希望之所寄，另一方面它也可能顯露出你們的弱點。因爲所有生活富裕的人們容易喪失對危機的警覺，沉湎於今日的生活，結果可能喪失了抗敵的意志。我希望並且呼籲你們，能夠揚棄這一弱點，在你們物質生活有所成就的時候，不要讓你們的青年懦弱到寧願做敵人的俘虜和奴隸，也不願去戰鬥。」

「由此觀之，索忍尼辛談話中的「戰鬥」或「抗敵」，當然是針對敵人，而不是用它來對付民主、自由或「自由民主人士」。所以他緊接著指出：「你們在臺灣三十三年的和平生活，並不意味著今後三年你們不會遭受攻擊。你們不是生活在一個無憂無慮的寶島上，你們應該全國皆兵，因爲你們不斷地受著戰爭的威脅。」

至於大作所強調的「革命民主」應該也可以叫做「民主集權」或「民主集權制」，乃是本黨（中國國民黨）的組織原則，是黨的制度，不是國的法制。所以「革命民主」或「民主集權制」實施於黨內，凡爲黨員自當一體遵行。它包括下列條款：

——「由選舉產生幹部，以討論決定政策，個人服從組織，少數服從多數，下級服從上級。」

——「在決議以前得自由討論，一經決議，須一致服從。」

——「服從黨的紀律，接受黨的命令，保守黨的秘密。」

但對方如果不是中國國民黨黨員，而黨部或黨員也要利用這個「革命民主」的美名及其條款去部勒他們，那就太不合理，而且也無法實施。所以「革命」或「革命民主」實不宜在國家和一般社會的層面上過分強調。

至於大作所說索氏告訴我們不必說「需要民主」云云，我也有不同的了解和看法。因爲：

第一、他很嚮往和肯定臺灣的自由，所以他稱臺灣或中華民國爲「自由」中國，並以「給自由中國」作爲講詞的題目。而自由必須靠民主作保障，所以需要自由便不能不需要民主，便不怕說「需要民主」。

第二、他固然狠狠的批評了自由民主的西方世界不該出賣「戰時盟友蔣介石」總統，但他沒有說自由民主不可要或要不得。正好相反，他痛惜和責備西方世界沒有盡到保護自由民主的責任。請看他說：「至於西方世界若干世紀以來，早已熟知自由的眞諦，可是由於長久以來生活在幸福安樂之中，他們爲自由所付出的，有愈來愈少的傾向。西方人一向珍視自己國家的體制（自由、民主），但是爲保衞這一體制挺身而出的人愈來愈少了。西方保衞自己的能力正一個年代不如一個年代地衰退、喪失中。」

「因此我們不難推測，如果我們說不需要自由民主，甚至像有些人那樣把自由民主和共黨臺獨一併視爲三大敵人，則索忍尼辛必將像痛惜和責備西方世界那樣的對我們痛惜和責備了。

但是索氏的確痛恨「絕對的放任」，那個「跡近背叛國家和任意破壞國家的權利」。他認爲那不是「普通的民主」。他指出幸而臺灣沒有感染那種「廣泛的民主」或「絕對的放任」，所以他爲臺灣大家「都能有理性的節制」而欣幸。索氏何嘗說過臺灣不需民主或不可說「需要民主」呢！

承示「自由民主是人類的理想目標，但不是反共的利器。」但我以爲自由民主旣是人類的理想目標，同時應該也是反共的利器。因爲反共的利器雖有多種，但自由民主不失爲其中之一。例如團結是反共所必需，是反共的利器，但自由民主乃是團結的基礎，爲團結所必需，所以也必然成爲反共的利器。

如果臺灣不是這樣自由和民主，而像大陸那樣的四大堅持，你和我會來臺灣反共並能享受自由民主的福祉麼！

自由民主當然不是放肆胡鬧而使國家陷於無政府無法紀狀態致爲共黨利用以「攫取武力所得

不到的成果」。幸而依照你我所欽佩的索忍尼辛，臺灣大家「都能有理性的節制」，沒有要求「廣泛的民主」，也不准許「絕對的放任」，所以我們不必過分悲觀和敏感，以致「相驚以伯有」，對「普通的民主」和自由也加以不必要的打擊。

至我個人，對於英美情形了解頗多，所以也頗多迻介，但是，請把國父的三民主義和中華民國憲法再翻一下，美式民主在那兩種文獻中屢見不鮮，但它何曾有負於我國！

對於共黨的危險性，請你放心，「達識如陶公者」，「對於共黨謀我情勢非但未變且日益險惡此一事實」，必不致「故為忽略」。

「風雨如晦，雞鳴不已」，寧願失言，不願失人，因而不免說得多了一點，尚祈諒之！

試述吾黨盛衰的一個關鍵

《徵信新聞報》爲了慶祝中華民國五十年紀念，編印一個特刊，要我就中國國民黨五十年來的回顧和展望及其盛衰的因果寫篇文章加以闡發。這顯然是個大題目，需要大手筆來寫。余生也晚，而且限於學力和見識，怎樣敢擔任下來，所以一再堅辭。可是這顯然也是一個很有趣的題目，我未始不想試寫一下。而且如果寫得好，則「前事不忘，後事之師」，「以古爲鑑，可知興替」，對黨對國，未始沒有一些貢獻。但我表示須在一年半載之後，等我讀通了黨史和請教了幾位老前輩之後方好動筆，可是「徵信」的記者堅持要我先寫一些，卽使是一個楔子或開場白，他們也很歡迎。以我對「徵信」的感情，我不好過分推辭，現在姑先提出一點，就是吾黨（中國國民黨）多年來有關盛衰氣運的一個因素，試作研討。

這個因素就是團結。

第一次大團結推翻了滿清

吾黨對吾國有三大貢獻：一是推翻清廷，肇建民國；二是消滅軍閥，完成北伐；三是打敗日本帝國主義，並廢除一切不平等條約，一躍而為五強之一。造成這三大勝利的因素當然很多，我今天所以祇舉出團結這一個因素，乃是因為它關係重大，可以說有「主導」和「關鍵」的作用，所以值得先加闡揚。

說到團結，組黨就是一種具體的表現。吾黨最早的名稱是興中會（光緒二十年甲午即一八九四年），它的宣言就揭出這個意義，它說：「有心人不禁大聲疾呼……用特集志士以興中，協賢豪而共濟」。這就是說，要「振興中華」，必須由有心人把一切志士和賢豪團結起來，方能成功。這是　國父孫先生立黨的主要意義。

可是辛亥革命的加速成功，還得靠中國同盟會的大團結，　國父自己的話便是最好的證明，因為他說：「自革命同盟會成立之後，予之希望則為之開一新紀元。蓋前此雖身當百難之衝，為舉世所非笑唾罵，一敗再敗，而猶冒險猛進者，仍未敢望革命排滿事業能及吾身而成者也，其所以百折不回者，不過欲有以振起既死之人心，昭蘇將盡之國魂，期有繼我起者成之耳。及乙巳之秋，集合全國之英俊而成立革命同盟於東京之日，吾始信革命大業可及身而成矣。」

原來　國父那時（光緒三十一年即一九〇五年）在同盟會中所團結的，不僅是一般有志之士，而是把興中會與湖南黃興和宋教仁的華興會，浙江徐錫麟和章太炎的光復會以及其他革命政團聯合起來，擴大基礎，另組一個新黨（中國同盟會），於是衆擎易舉，聲勢大盛。

不獨與革命黨人，　國父甚至與保皇黨的梁啓超也訂交，後者「居東時與總理往返日密，漸贊成革命，曾擬合併爲一黨，孫正梁副」（張其昀著《黨史概要》上册第三十六頁）。國父蓋深知「團結就是力量」，大團結就是大力量，而他的氣魄，又是那麼恢宏和偉大。

不團結就無所作爲的例證

民國成立後，國父祇做了三個月的臨時大總統，爲了配合民主共和的政體，以便實行政黨政治，同盟會就改組爲國民黨。那次改組，聯合了統一共和黨、國民公黨、國民共進會和共和實進會等政團組成國內第一大黨，以期在民主憲政的軌道上實行政黨政治和責任內閣制，以憲法和國會的力量去監督袁世凱，用意本來很好。所以我不很贊同有些黨史的看法，認爲那次改組是鑄成大錯。

後來國民黨被袁世凱解散，民國三年七月　國父乃另組新黨，定名爲中華革命黨，重申黨紀，恢復同盟會時代的革命精神。那時有些自由主義者表示疑慮，「頗滋訾議，以爲事多變更，予人瑕隙，計之左者」（〈陳英士致黃興書〉）。甚至賢如黃克強，也拒不加盟。

其實以歷史眼光來評論，同盟會的改組爲國民黨，把革命政黨改爲普通政黨，後來又組成一個革命性質的中華革命黨，都是由於歷史的背景和時代的要求，未可以成敗定是非。不過當時因爲觀念不同，步調不能一致，以言團結，相去頗遠。國民黨歷史很短，又在袁世凱暴力摧殘之下，不能有所作爲，固無論矣，卽使中華革命黨雖然具備了革命黨的一切條件，可是因爲中心工作放在軍事和政治，而活動範圍又偏在西南一隅，而且對於文化運動、思想運動和民衆運動都不很注意，所以影響不很遠大。直到民國十三年正式組成中國國民黨，再來一次全國大團結，吾黨才重見了光明。

　國父對此曾有昭示，他在民國十三年第一次全國代表大會中說：「過去四十年的革命，是靠我一個人堅持，一個人策勵，領導著同志們奮鬥。從今以後，我把這革命的責任，付託給全黨的同志，全國的民衆。今後堅持三民主義，實現三民主義，完成革命工作的責任，是你們大家的責任。中華民國這一個幼兒，我擔任起師保的責任，已經十三年了，就是我把他撫育到了十三年。今後的教育扶持，使這幼兒長大成人，能夠獨立發展，要靠全國的同志了。」這一段沉痛的話，已把團結的意義充分地說明了。

北伐和抗戰的勝利與團結的關係

十三年改組結果，吾黨不獨增加了新細胞，而且活動的範圍也從武力擴及文化，從西南遍及全國，從上層深入下層，於是聲勢浩大，力量雄厚，北伐乃能成功，後來抗戰勝利的基礎也賴以奠定。

可是隨著革命的勝利，吾黨內部就起了分裂，先是共產黨的叛變，後來是派系的鬥爭。而在社會方面，因爲吾黨過於重視武力和軍事，以致忽略了文化工作和思想運動，所以整個文藝界和一大部分的文化領域幾乎爲黨外勢力所佔領，而對吾黨全力進攻。毛澤東後來把共產黨的成就歸功於它的文藝和文化工作的成功，似非虛語。

日本軍閥的侵略，促成了吾黨和吾國的第三次大團結。首先是蔣總統的「地無分南北，年無分老幼」的「舉國一致」的號召。接著是各黨各派，包括共產黨的擁護政府和共赴國難的宣言。吾黨臨時全國代表大會更在二十七年四月制定抗戰建國綱領，宣示黨和政府革新政治與民更始的決心，並以此爲保證，「請求全國人民捐棄成見，破除畛域，集中意志，統一行動」。二十七年七月，政府並邀請各地區各黨派和各界的領袖共一百五十人，組成國民參政會，在漢口舉行第一次大會。蔣總統在開會辭中說：「我們國民參政會在今天開幕，這一個集中全國各階級各團體最有道德最有學問經驗的賢才聚會一堂，竭其智力，從行動上表示舉國一致協助政府抗戰的事實，更足給侵略的敵寇以極嚴重的打擊。因爲敵人之所以敢於輕視我國，其最大的理由，還不在軍事方面，而是他看到我們國家內部不團結，政治不統一，沒有形成現代國家的基礎。所以他敢於拿小部分的武力，就以爲可以戰敗我們。在未開戰以前，就敵人的目光看來，以爲中國軍隊實不堪其一擊，但是現在的事實，我們不僅在軍事上能夠抵抗，並已逐漸消滅侵略的敵寇，而且在政治上，已表現我們全國一致抗戰的組織和行動，使敵人不得不從新認識我全國國民的力量已團結集中於政府指揮之下，來排除侵略，這實在給予敵寇以致命的打擊。」

蔣總統的一個故事和一項啓示

那時還有一個重要的故事，許多人未必知道，值得報告一下。據張其昀著《黨史概要》第三冊記載：「總裁以爲中國問題，不僅在對外，而尤在對內能否集中民族力量以建國。中國之困難，亦不在戰時，而在戰後如何奠定民族久遠之生存。若當此抗戰，而猶不能造成一個信仰、一個政黨、一個意志，則暴力驅除以後，內部思想鬥爭之排拒，仍伏爭奪相殺之端，而眈眈旁視者，何止日本一國，又安保無第二次國際侵略之禍患！總裁之理想，以爲與其用政權力量抑制其他黨派或思想之存在，不如融合其他黨派於一個信仰——三民主義之上和一個組織之下，共爲國家民族前途而努力。簡言之，卽化多黨爲一黨，而後公政權於誓行革命主義之民衆。他考慮到其他黨派（如中國青年黨、國家社會黨及中國共產黨）以合併爲嫌，不能使其黨徒諒解，因之主張各黨派苟能贊成合併，則中國國民黨可更改黨名，或酌改組織，以泯吞併或降服之嫌猜。此種意見，於會前曾向各黨派負責人坦白說明之。中國青年黨表示可接受，國家社會黨允可考慮，獨中共負責人秦邦憲、王明（陳紹禹）等堅決拒絕，聯合則可，合併則不可。此議遂寢。」

對於團結之認識的透澈和祈求的殷切，那時當莫過於蔣總統。在民國二十七年四月抗戰正烈的時候，他對中國國民黨臨時全國代表大會致辭說：「兄弟覺得目前比較重要的問題」，不是軍事，「還是國內團結問題」。因爲，他說：「如果我們國家能夠團結一致，始終不渝，我們就沒有甚麼不能克服的困難，也沒有甚麼可怕的敵人。」這個道理，那時固已如此，後來的事實更加以證實。

現在呢？我以爲蔣總統這個昭示，現在仍可適用，仍應奉行。因爲現在面對更強大的敵人，我們需要更廣大和更鞏固的團結，而更廣大和更鞏固的團結一定能夠產生偉大的力量，從而收穫輝煌的成果。上述吾黨盛衰的史實，便是一個可信的證明和可靠的保證。

五十年國慶紀念前三日

政治談話會的成功保證

陶百川先生，浙江紹興人，今年五十八歲，戰前曾在美國哈佛大學讀政治制度，返國後從事新聞工作。歷任《民國日報》編輯、《晨報》主筆，抗戰時赴香港擔任國民日報社社長，後返重慶擔任中央日報社社長。

民國二十七年開始，陶氏歷任國民參政會第一、二、三、四屆參政員，行憲後當選第一屆監察委員。

港報兩報導

陶百川先生在他的寓所裏接見記者談陽明山談話會展望時說：

「在你提出問題之前，我請你看一看三月三十日香港《工商日報》所載陳副總統對該報記者有關陽明山談話會的一段談話。」

那天的《工商日報》上，有一篇臺北通訊，題目是〈陳副總統談時局〉。其中有一段這樣的談話：「邀請海內外反共愛國人士舉行各項會議，交換反共建國意見，是去年十月間執政黨中全會的決定，目前對於這件決議的執行方案，仍在專案小組的擬議中，尚未定案。執政黨方面既未定案，政府方面根本就未談及此事。

陶先生又說：「我再給你看一看四月一日香港《自由報》的一篇報導」。

他指出其中一段，寫著：「現在海外一般反共人士對分批舉行座談會的號召反應並不熱烈。原因就是大家對當局抱著一種將信將疑的心情。」

可能有困難

陶先生說：從這段報導看來，傳說中的陽明山談話會，究竟那一天能開？那些人將被邀請？被邀請的人是否都能賓至如歸？現在似乎還言之尚早。尤其鑑於八年前所提出的反共救國會議，經過千呼萬喚，結果還是影踪全無，想政府當局對於這個問題一定有很多的顧慮。甚至可以說，有很多的困難。

他說：現在陽明山談話會的性質和方式，雖然與過去所倡導的反共救國會議不盡相同，政府的顧慮和困難，應該可以減少，但是我看仍不能說已經完全沒有了甚麼困難和顧慮。所以一般人還以將信將疑的態度來期待它的實現。

這是陶先生對於有關陽明山談話會目前情況的分析。之後，記者曾陸續向陶先生提出四個問題。下面是全部問答的內容：

共信與互信

記者問：在過去的七八年之中，召開反共救國會議的主張，時有所聞，但一直未曾開成，而且其間有一個時期，並曾聽說政府中有人不主張召開這個會議。過去爲甚麼想開而開不成？現在又爲甚麼竟能開成了？原因何在？

陶先生答：記得戴季陶先生有幾句名言，他說：「共信不立，互信不生；互信不生，團結不固。」反共救國會議，過去雖有需要，而終於沒有開成，那是因爲朝野雙方的互信程度不夠；朝野雙方之所以缺乏互信，主要的原因是由於共信還沒有完全建立起來。

例如現在，以大家所最關切的民主和自由而言，政府方面有些朋友雖然也承認民主自由的重要，但總認爲那是將來的事。他們以爲目前面對著國際共產黨的顛覆和滲透的活動，臺灣不獨不需要民主和自由，而且民主自由可能是政治上的一種隱患。可是，在許多人看來，民主自由不僅爲此時此地所需要，而且是反共鬥爭中最有力的武器。他們認爲：政府中人因爲鑑於大陸時代共匪和民主同盟假借民主自由，做顚覆政府的活動，因而有點過分緊張，有的甚至疑神疑鬼，以爲民主同盟的陰魂要借著臺灣的幾篇提倡民主自由的文章而復活了。所以對於反共救國會議的召開，有時也會聯想到可能是政治協商會議的復活。朝野雙方對於共信和互信如此缺乏，何能坐下來共謀國是。這也許是反共救國會議所以開不起來的重要原因。

三個原因

但是現在何以又想召開陽明山談話會了呢。我以爲有下面三個原因：

第一個原因，是政府的自信力和安全感現在已比過去增強了。政府中人，不僅已經相信大陸的歷史不致重演，而且在日本、南韓、越南、土耳其等國家先後發生政治動亂的時候，臺灣獨能安如泰山。因此大家相信，政府的威望和力量，足可經得起在野黨派和一些民主自由人士的考驗而無所恐懼了。所以陽明山談話會就不妨召集起來。

第二個原因，是由於國際形勢正在醞釀重大的變化，我們必須有些新的觀念和新的做法來適應未來的變局。而全國上下和海內外的大團結，對於我們在國際間的發言力量，將有很大的幫助。否則，在這千鈞一髮的時候，如果我們的反共陣營中還表現著分歧和矛盾，甚至自相鬥爭，那麼我們一定將爲親者所棄，爲仇者所乘，而陷於萬刼不復的境地。在這個情形之下，作爲團結標記的陽明山談話會，較前更有舉行的必要。

第三個原因，就陽明山談話會的名稱看來，它與反共救國會議或國是會議相比，不管在形式上和性質上，都較爲輕鬆和單純。現在擬議中的陽明山談話會，顧名思義，祇是政府做主人，邀請一些賓客來交換意見而已。談得投機，可以多談一些，或者可以發生很大的影響力，假如話不投機，政府也不受甚麼約束。所以政府方面的顧慮，也就不多了。

從上面三個原因看來，在政府方面，對於陽明山談話會的舉行，應該是有誠意的，有必要的，有可能的。

六大問題

記者問：政府經過了八年的考慮和準備，現在打算召集陽明山談話會，乃是爲了適應海內外形勢的需要，想來一定會賦予重大的任務，而不僅是爲了裝點門面或虛應故事的。那麼，照陶先生看來，談話會可能談些甚麼問題？

陶先生答：我沒有跟黨政方面的朋友談過這個問題，所以不曉得將來的議程中會包含些甚麼議題。同時我不曉得那些人可能被邀請參加這個談話會，因此也無法知道被邀參加的人可能提出些甚麼意見。不過我以一個政治觀察家的身分，覺得陽明山談話會應該面對著嚴重的時局，來談下面幾個重大的問題：

第一、是如何溝通意見，建立共信。例如：言論自由的尺度，新聞紙登記的應否開放，集會結社，包括組織政黨的管理問題，戒嚴法施行的地區和程度問題。對於這些問題，朝野雙方在觀念上或行動上存著很大的差異。

第二、是如何修明政治，增加效率。例如：稅務積弊的革除，警察和司法風紀的整肅，行政上推拖敷衍習氣的改正，以及如何鼓勵並促進公教人員向上、向前和向好的精神。

第三、是如何杜絕浪費，使一錢能作二錢用。尤其重要的是佔中央政府總預算百分之八十的軍費應如何作更合理的分配和運用。

第四、是如何改造外交陣容和運用國民外交，以確保我們在聯合國的代表權和增進友邦對我們的同情和援助。

第五、是如何發動國際力量，以救濟大陸的災胞。

第六、也可以說是最重要的，即是：如何能夠反攻大陸，並爲反攻大陸作必要的準備。

大澈大悟捐棄成見

記者問：無論談話會的內容如何，它總是任重道遠的。照陶先生看來，其成就的可能性如何？

陶先生答：現在世變日亟，國難比從前更是嚴重，朝野上下，都應該有大澈大悟的決心，還有甚麼成見不可捐棄？還有甚麼問題不可商量？還有甚麼利害不可調和？任何人的氣度，到此時都應該放大；任何人的力量，到今天都應該集中。所以談話會一定可以開得成，而且開得好。

政府是當家人，應該首先盡其在我，要使人們相信他的確有誠意、有決心、有熱忱。我們不是共匪。共匪可以用「百花齊放，百家爭鳴」來誘人出頭批評，然後把他們當作「毒草」，而將其刈除。我們的政府絕不致這樣惡劣。在野的人也應該捐棄成見，應該以與人爲善的精神，響應政府的號召，在這生死存亡的關頭，及時貢獻出自己的智慧和力量。大家能夠如此，縱然不可能發生甚麼意想不到的效力，但總是一個好的開始。

成爲一個常設機構

記者問：在談話會獲得一個好的開始之後，陶先生以爲應該如何繼續加工，以保證團結的加強和政府的進步？

陶先生答：這個問題使我聯想到民國二十六年的廬山談話會。其實廬山談話會並沒有什麼了不起的成就。以言團結，那時祇是一個開始，眞正表現團結並發生力量的，是後來的國防參議會和國民參政會。假使廬山談話會談了一陣之後，就各奔東西，國家還不是一盤散沙！後來幸而有一個國防參議會，尤其是包含兩百人左右的國民參政會，才能集中意志，集中力量，來發揮加強團結，促進民主和爭取勝利的作用。

由於這一段經驗，我以爲陽明山談話會不妨成爲一個常設機構，仿效當年國民參政會的辦法，每半年開會一次。參加的人選，必須富有代表性，並應偏重知識分子和各黨派的代表人物，任期二年，可以連任。這個機構，和立監兩院並不重複，但它自有一種妙用。

當年國民參政會時代，政府照樣也有立監兩院，但是三者相生相成，沒有發生衝突。我願以監察委員一分子，歡迎這個代表新思想、新人物的新機構。

邁向廿一世紀的中國政治

編者按：本文是總統府國策顧問陶百川先生應東海大學之邀，於五月二十日晚間對東大省訓班及政治系師生之演講。這也是陶百川先生辭卸監委職位擔任國策顧問十二年以來首度的公開演講，由本報（《中國時報》）記者陳浩記錄整理，並徵得陶百川先生同意後發表。

梅校長原來出的題目，是要我從政治面來談「邁向廿一世紀的中國人」，我把題目稍改了一下，改爲「邁向廿一世紀的中國政治」。談到中國人，中國政治，本應包括十億大陸同胞在內，但這十億人並沒有能夠搞政治，領導十億人的共產黨，表現得仍十分僵硬，雖然得到政權已經四十年，但在政治上卻一點進步都沒有。近來，胡耀邦的垮臺與政治大整肅，更是令人失望。我們可以說，在中國大陸，經濟或有一些長進，但在政治上勉強進了一步，就要再退兩步。

政府推動革新成績卓著

因此，談中國政治，大陸是沒甚麼好談，我祇能談臺灣，談中華民國的政治。與大陸恰是一對比，近一年來，政府推動改革，兩肩擔起，蔣經國總統在第二任的任期中，成績格外卓著。今天這個講題中「邁向廿一世紀」的「邁」字，是開步走的意思，中華民國的民主改革，的確是在邁開大步。

以解除戒嚴的問題來說，政府過去一直表示，戒嚴祇實行百分之三，的確很少。但我有一個比方，眞的戒嚴就像一頭猛虎，不用戒嚴令的話，戒嚴法就像關在籠子裏的老虎，一旦用了戒嚴令，就像開了籠子，把老虎放了出來，百分之三的戒嚴隨時可以變成百分之三十，百分之一百，爲所欲爲，十分危險。在過去的危機時代，戒嚴令的頒佈確有必要，但現在情勢已有不同，十二年前我初擔任國策顧問時，第一個條陳就是建議解除戒嚴令。戒嚴法可以保留，但戒嚴令實可以解除。

時至今日，政府好不容易要解嚴，這麼好的事體，但還是有人要示威。當然，制定國安法是一個問題，我也曾經期期以爲不必，主張祇要頒佈解嚴令，如果國家發生變亂，可以立即依實際需要再頒佈戒嚴令。但是，政府一下子要解除戒嚴並不容易，國民黨中央一開始並不贊成解嚴，直到有聰明人想出制定國安法的辦法，作爲鎮靜劑，才做了解嚴的決定。好在國安法的內容，寥寥十個條文，內容並不霸道。希望趕快通過國安法，以便解除戒嚴，把猛虎關回籠子去。

「五一九」抗議示威，我一直不以爲然，我認爲不祇對象錯了、主題錯了，地點、時機也都錯了，幸好總算平安度過，政府應該對自己有信心，把戒嚴早日解除。但願今後社會無恙，不要讓政府再頒戒嚴令。解嚴雖然祇是邁出了一小步，但對整個中華民國民主政治的開展改革，卻有一大步的實質意義。

再談開放組黨的問題，我認爲蔣總統有此決斷，非常了不起。解除戒嚴其實還沒有甚麼令人不放心，但有不少人認爲開放組黨會造成多黨林立，引起政治紛擾和動盪，但看看世界各國，除共黨專政者外，那一個國家沒有三五個政黨，一般以爲美國祇有兩黨，其實把那些地方性的政黨算進去，美國也有十餘政黨之多。

形勢有時比人強，政黨政治便是一個擋不住的形勢發展。對未來的政黨政治，我並不悲觀，黨外有了政黨之後，做法勢必要與過去不同，會多顧到民意。以五一九事件來說，我便發現與八年前的高雄事件相比，「黨外」和國民黨都進步了。

我是主張政黨政治的人，我認爲有憲法不稀奇，並不能保證有民主政治，有選舉有國會也不一定成爲民主國家，一定要有反對黨，有政黨政治，民主政治才可能發展。

開放組黨決斷很了不起

我們現在有了反對黨，但最重要的，乃是要快把政黨政治的規範訂出來。現在政府過分重視國安法而不要政黨法。有關政黨政治的規範，將在人民團體組織法裏訂幾條，在選罷法裏又帶一筆。這是幕僚作業。革新方案在幕僚手中會一再推拖，不知道要甚麼時候才能做好，希望有大政治家來大開大闔，早日完成革新大業。

再談到地方自治法制化及省政府組織法的修訂。省政府組織法是民國三十三年訓政時期的產物，早已不合時宜，卻仍被當成金科玉律，為此十四位省議員集體辭職過，省政府也上過九次公事，但中央硬是不改，而且硬說並不違法。這種僵硬心態如果不變，這種領導怎麼能讓人心振奮得起來呢？

地方自治法制化的問題，一談到省長民選，就談不下去了，其實這個問題那有那麼難辦呢？省長民選的方式可以省民代表會選舉的間接方式行之，而省民代表會也可作為臨時會議，不必常設，這樣就很簡便了。而且把幾種有關法律完成立法程序，為時至少要五年，大可從容籌謀。為甚麼會談不下去呢？無非是怕事和懶惰，總認為多一事不如少一事。西方有一句話說「怕熱就不要進廚房」，廚房裏本來就是熱的，就像政治一定會有麻煩。如果怕熱，何苦要進廚房？如果怕麻煩、怕改革、不敢負責，又如何能推動革新呢？那麼就不應來從政了。

關於改選中央民意代表機關問題，十二年前，蔣總統在行政院長任內，我們曾向他建議訂定中央民意代表退休辦法，對退休者給予極優渥的退休金，當時蔣院長相當贊成，但結果在國民大會和立法院都行不通。現在資深代表年華老大，法統垂危。所謂法統，就是保持憲法的統治體系，不使變質或終止。而其危機祇是表現在分離意識和臺獨活動。思患預防，於是支持和保障中華民國憲法的人，其中很多是大陸人，自然而然的希望在國民大會新代表中能有一部分大陸籍人士，我建議是四分之一，而以保障名額或比例代表制，選舉產生。如此面面俱到，衆擎易舉，憲法統治，方可無虞。

中國如何統一必須重視

想到在臺灣省議會七十七個省議員中，外省籍的衹有兩個，可知大陸籍人士很難透過選舉當選爲國大代表，已是一個事實。試想在立法委員中，山胞立委還有兩個名額，但如果不加以保障，恐怕一個立委都沒有。不知大陸籍人士可用此情此理和此法得到保障嗎？

最後我想談的，是中國統一問題。我認爲目前政府的「三不」不接觸不談判不妥協，和「三拒」拒絕通商通郵和通航，是不夠的。不久前，上海公報簽訂十五週年時，美國國務卿舒茲在上海發表的談話，我認爲很值得重視。他表示上海公報認爲中國祇有一個，臺灣是中國的一部分，臺灣問題應由海峽兩岸人民和平解決。這是美國的政策。然而，他說，美國政策不變，但時代在變，如何以漸進和溫和的辦法來緩和海峽兩岸的緊張情勢，慢慢導致臺灣問題的最後解決，是美國的政策。在此一政策下，舒茲又表示，美國很高興看到最近海峽兩岸間接貿易在增加，人民的交流在增加，這是一個好的迹象，可以緩和海峽兩岸的緊張情勢。

舒茲此一談話，就中共來說，自是一種誘惑，今後它對我們統戰，勢必加強，我們不能掉以輕心，如何妥擬方針，政府要好好籌劃一個可大可久的政策，我希望海峽兩岸均以具體事實和實際行動證明「和平共存」的誠意和決心，以緩和緊張，建立共信。

結論

回想在三中全會所談到的不過是中央民意代表問題，對開放組黨，解除戒嚴等，無人談過，乃是蔣總統後來交中常會研究的。我相信，總統體察形勢的發展，要爲包括十億大陸人民在內的中國人民立下一個長治久安，萬世不拔之基。不祇爲我們這一代，而是要爲後代子孫，「爲萬世開太平」。

最近，兪國華院長在接見美國主筆訪問團時說，最近有許多人問他，年來政府竟然這麼開通，推動民主改革，是受到什麼壓力？我也同樣接觸到同樣的問題，不斷有人問我，國民黨最近開放黨禁、解除戒嚴，是不是受到「民進黨」的壓力，還是美國人的壓力？

我的回答是，好比一杯茶，這杯茶色香味俱佳，是因爲茶葉裏有色香味的本質，但在茶還沒有泡開的時候，茶葉裏的色香味都沒有表現出來，而有待於開水去沖泡。以此爲例，我說，蔣總統一年來的民主改革，就像茶葉與開水的關係。各種力量滙集起來，向總統的茶葉一沖，改革的色香味都出來了。但是如果茶葉不好，開水怎麼滾和怎麼沖，也都沒有用。這色香味，便是總統茶葉中的本質，乃是很難能可貴的。

兪國華院長的答案和我的答案是一樣的，他說：「事實上政治改革並不是一項新的觀念，國民黨高階層早在十年前就已經討論過，產生作用的重要因素，是時機而非壓力，一九八六年初，蔣總統經國先生對時機問題提出了答案，蔣總統再度展現對掌握最佳決策時機的睿智遠見與能力，他了解中華民國進一步民主化的時機已經成熟。就臺灣而言，孫中山先生七十五年前所擬定的民主與憲政輔導時期即將結束，我們已經走到了國家發展上的一個歷史關頭。」今天是蔣總統就職三週年紀念日，我想建議我們全體向這位勞苦功高的國家元首以鼓掌表示尊敬和擁護（全場熱烈鼓掌）。

七十六年五月二十四日

為增選中央民代呼號

民代選舉應速恢復

頃聞政府當局正就增額選舉可否在現任增額國代及立委本月底任期屆滿前予以恢復之重大問題作「鄭重考慮」，足見案尚未定，猶有參考各種正反意見之必要，用再貢其最後之一得。

竊以爲目前政府 所當切實考慮者非僅爲如何在法律上 找尋選舉延期之理由或方法，此爲消極的，不易自圓其說的，因而未必能爲多數人民所了解或諒解的做法，而似應就下列四點爲認眞之調查及估計：

一、外傳匪諜製備五百套警服及槍械以爲作亂之用，是否確實？已否破案？

二、政府當局曾對黨外候選及助選人提示不再舉行私人政見發表會或聚衆演講，不知彼等反應如何？

三、政府一向倡導選舉「三公」，但前年十一月之五項選舉，仍有黨政人員舞弊案件，而此爲政府與民間互不信任之主要原因，從而可能釀成風潮。不知彼等以後能否恪守法規，不再「做票」或舞弊？

四、中美現階段談判，能否在本月二十日左右告一段落，或其結果是否十分惡劣足以引發

「國家或人民遭遇緊急危難」？

如果以上四者之一、外傳不確或過分誇張；之二、彼等可受約束；之三、無再舞弊之虞；之四、已告一段落，其結果尚不致造成緊急危難，——則選舉應在本月底前恢復並完成。

民國六十九年一月十四日

立院換血何不再增一滴

報載立法委員下次增選名額將增加爲與資深立委人數相等，我以爲應該再增一人，使其超過資深人數。

我說如果立法院的增額委員眞的將佔半數，則何不再增一人，使其超過半數而成爲過半數和多數，以格外凸顯充實方案的代表性、本土性和功能性！增加一人所費有限，而其號召力和說服力必能倍增，務祈採行。

民國七十七年七月二十七日

如何充實中央民意機構

如何充實中央民意代表機構，是國人普遍的期望，執政黨在上（三）月底舉行的三中全會決議文中，最具體的就是籌議加強充實中央民意代表機構的問題。

本報最近把過去各方所提充實中央民意代表機構的方案與辦法整理出來，並加以刊載，獲得讀者熱烈廻響，認爲極富參考價值；由於這些方案及辦法很多，它們的利弊得失如何？可行性又如何？特別邀請專家加以探討，以便提供給執政黨決策時作爲參考。座談會由本報總編輯顏文門主持，參加人士有：陶百川（國策顧問），荊知仁（政大政研所教授），黃越欽（政大法律系教授），洪昭男（立法委員），康寧祥（《八十年代》發行人），謝學賢（青年黨籍僑選立法委員），陳陽德（國大代表）。以下是陶百川先生的意見。（《自立晚報》編者）

第一、我主張中央民意代表一定要有一個名額的標準。這是我在民國五十八年早就呼籲的，一方面要有上限，以免名額過分膨脹，另一方面也不能過分緊縮，以免失去補充的意義。我主張國大代表數目爲四百名，荊教授主張三百二十一名。我主張立法委員三百名，荊教授主張三百二十二名。祇有監察委員方面，我主張七十名，荆教授主張一百一十三名，差距較大。我希望政府馬上訂出一個標準數來，這對人民和政府都有好處。

第二、我主張要有大陸地區代表，這是一個必然的趨勢。臺灣山地同胞都有保障名額，何況是大陸人士。問題是人數比例和產生方法。荆教授主張，以國民大會代表爲例，大陸地區每省兩名，特別市各一名，合計八十名。自由地區名額應爲大陸地區的三倍，兩者合計爲三百二十一人。如此，一方面重視自由地區的重要和需要，同時也能發揮對大陸地區的政治號召。但後者的人數不宜過多，所以祇有自由地區的四分之一。

第三、至於大陸地區代表產生的方法，有人主張由同鄉會選舉，有人主張遴選，我認爲都不很理想。我主張普選，由自由地區選民選出大陸地區的代表。但是如果大陸籍人士在沒有保障名額的情況下，與臺灣地區的候選人自由競爭，當選的機會自必很小。例如現在臺灣省議會有議員七十七人，大陸籍人士祇佔二人。所以我不得不主張，對大陸地區代表的候選人應有當選保障。多數尊重少數並予以適度的照顧，這是民主政治必不可少的精神。

第四、另一個問題是充實的方案何時實施？我贊成國大代表顏澤滋先生的想法，就是大陸每省市至少要有一個代表，如果一個也沒有了，必須也方可予以補充。

但是在立監委員方面，我主張下次選舉就應大幅增選。因爲國大代表的作用，主要是在保護憲法和維持全國的代表性，沒有多大政治運作的功能。至於立監委員則不同，他們的政治任務很繁重，而目前人數雖多，但因現有資深委員的年齡關係，功能不免衰退，自須注入新血，以加強其功能。荆教授主張一次選足新名額，例如立委就應增選二百四十一人，比目前所應改選的九十四人，增加很多。我則主張把該項應增加的人數，分兩次補足。例如下次選舉時，在改選九十四人外，尚應加選二十七人，合成一百二十一人，就是新名額的半數。等三年後，則改選和新增的應爲二百四十一人。如果大陸籍資深立委也因出缺而補選，則可逐漸達到三百二十二人的上限。至於監委，則因人數較少，我主張自由地區部分下次補足新上限的應有人數五十七人，大陸部分則按新訂人數遇缺方補。

關於充實中央民意機構應循何種法定程序實施的問題，我主張修改臨時條款第六條第二款，在「大陸光復地區，次第辦理中央民意代表之選舉」之後，加上「在大陸未光復前，其中央民意代表，總統得訂頒辦法，由自由地區選民以保障名額普選之」。至於保障方法，可以參照選舉罷免法第六十五條婦女當選保障辦法，在選罷法中規定將其所得選票單獨計算，以得票較多數者爲當選。

七十六年四月

增選中央民意代表第一聲

一

選舉是民主政治的生命和關鍵。透過選舉，人民方能派出代理人去管理衆人之事，並對代理人加以監察。需人代理而不能直接管理，這種民主政治原不是最好的制度，但迄今還沒有比它更好的。

我國近在國際逆流襲擊之下，而且首當其衝，受害最大，朝野上下尚能處變不驚，莊敬勇毅，不效泰國那樣在一夜之中撕毀憲法，解散國會，廢除選舉，更反對毛共那樣法律含在口中，民權置諸腦後，自由踏在脚下。所以今年仍將舉辦各種選舉，包括總統和副總統的選舉，省議員和縣市長的選舉，此外極可能還有國民大會代表、立法委員和監察委員的增選，甚或可能全部改選。其中全國性的兩項選舉，關係特別重大，尤當把它辦好，現在稍加論述。

二

關於總統的選舉，現在「國人皆曰」應選蔣總統連任。在文字上提出這個意見的，似乎我是第一人。我在尼克森總統本年七月十五日發表要去訪問北平後的第十二日，接見《自立晚報》記者林倖一先生，向他提出四項國是意見，第一項就是：「總統繼續領導，政院加重責任。」那時我曾略加說明，原文如下：「總統一生辛勞，對國家的貢獻也夠多了，夠大了，現達高齡，應讓他放下重擔，頤養天年。但現在國家開始進入重大時代，我們更需要他繼續領導。」我指出：「領導方式本有數種，做總統祇是其中之一，但這無疑是最有效的方式，過去如此，現在更甚。所以希望總統在本屆任滿之後，明年能再當選連任」（六十年八月一日《自立晚報》第五版）。

但我同時強調要「政院加重責任」。原文理由是這樣的：「總統健康情形雖好，但不宜過分勞累。行政院如能多負責任，他就不會太辛苦了。好在我國憲法已把『尙方寶劍』給予行政院，它可『先斬後奏』。如此配合，理論正確，成效必大」（同上）。

最後這一點是很重要的，一個多月後，我在爲《聯合報》二十週年紀念特刊所寫〈國是問題轉變中的方向〉中，加以闡明：「總統繼續在位，同時（必須）加重行政院的責任，使它享有統治的實權，能負統治的重責，有如現代國家的內閣，這是大道。如果上不信任，下不信服，而它自身又是唯唯諾諾，不想負責，也必成爲歧途」（六十年九月十六日《聯合報》特刊）。

能有蔣總統繼續作正面的領導，則國家有重心，黑夜有曙光，國人方能「處變不驚」。但也必須行政院能負起實際責任，形成一股清新旺盛的力量，國家才能「莊敬自強」。二者缺一不可。但是蔣總統當選連任，在二者之中則具有主導的關鍵的作用。

三

其次，關於中央民意機構的充實，我是其中一分子，知道得很多也很深，所以我在民國五十六年最先主張補選，後來在五十九年我又呼籲要再辦增補選。就這個問題，我不獨「先天下之憂而憂」，而且「鍥而不捨」。因爲早在臺灣省選出的丘念台監察委員逝世那一年（民國五十六年），我就在監察院提議請行政院舉辦臺灣省議會對丘委員遺缺的補選。但是未蒙採納。五十八年三月中央公布民意代表增補選辦法，我在當年四月再度呼籲：「中央政府現在已經決定不辦監委的補選了。而且不獨不辦丘故委員缺額的補選，卽使將來本省現有監察委員四人全部出缺，自必也不得補選了。甚至將來光復的省市要補充監委，如不修改新頒辦法，也將不能辦理了。這個辦法究竟基於何種理由，未曾宣示，我們自應要求了解。依照新頒辦法，立法委員的缺額也不補選，可是立委尚可增選，稍資補救。而監察委員則既不得補選，也不能增選（參看辦法第十一條第二項），問題自更嚴重。」

後來增補選的結果，中央三機關祇增加了二十七人，而其中監察委員兩人，是因臺北市升格而新選，並不是所謂增選或補選而來。我當時就認爲人數太少，辦法不妥。爲了擴大民主基礎，爲了引進青年才俊，爲了永保政治活力，爲了增強朝野團結，我在民國五十九年十二月主張再辦一次中央級民意代表的增補選。

這個意見，未獲國內重視，但卻引起了國際人士的關切。《紐約時報》記者來訪，並在六十年一月九日該報登出一則臺北專電，一部分內容譯載於下：

四

「中國政府一位著名的官員呼籲舉辦兩個中央民意機關的選舉，以增加臺灣居民的代表性並引進青年人。

「這個建議是監察委員陶百川提出來的。監察院是兩個中央民意機關之一，是一個『看門狗』的機構，任務是監察政府的措施。他主張立法院的選舉也要舉辦。

「陶先生的建議並不適用於第三個中央民意機關——國民大會。它六年集會一次，任務是選舉總統和副總統以及考慮憲法的修改。

「陶先生去年年終演講中指出舉辦這樣的選舉，可望在這嚴重時期增強人民和政府的團結。他的演講，引起了輿論界的共鳴。

「他說這樣的選舉，也將對那兩個民意機關供給新血輪，以保證將來老委員死後，仍有委員繼續執行立法和監察的任務」（該報尚有四段報導立監兩院的現狀，因非我的意見，不再迻譯）。

我在五十九年年底所建議的內容，與五十八年的大不相同。五十八年的僅以臺灣地區爲範圍；新建議則主張由臺灣、金門、馬祖的選民和海外僑胞共同來增補出缺的一部分大陸代表。這是說，以後出缺的立監委員，不問省籍，一律由臺灣、金門和馬祖的選民來選舉補充；並由海外僑團遴選一部分代表來參加立監兩院。由國民大會增訂憲法臨時條款加以規定。

五

《華盛頓郵報》對此也有簡短的報導，但預料我這建議未必能爲當局所採納。可是不到十個月，形勢逼人，當局決定要依憲法體制，增強這些民意機關了。

但在考慮增補選辦法時，遭遇了五個困難問題：

一、立法委員和監察委員自應增補，但是國大代表是否也應增補呢？

二、增加多少新人呢？

三、增補選的人應受任期的限制麼？

四、增補後應仍稱第一屆呢？抑或改稱第二屆？如稱第二屆，則如何把現任第一屆的人員過渡爲第二屆？如仍爲第一屆，則現任者不受任期限制，而新任者須受限制或不受限制，皆非所宜。如何自圓其說？

五、如何使現任代表自動退休，使增補後的民意機構容易運作？

對這些問題的答案，我的意見如次：

一、要答第一個問題，可先看第四個問題和第二個問題。如果增補後的民意機關仍稱第一屆，則國大不增補選也未始不可。如改稱第二屆，則國大也應增補選。又如果立監委員增補選的人數已很多，已足增強立監兩院，則不妨減少國代增補的人數。

二、二百人也許已夠了。

三、應受任期的限制。

四、可稱第二屆。由大法官會議加以解釋，把第一屆的任期延長一屆（立委三年，餘各爲六年）。以英國上院爲例，一部分國會議員未始不可出於聘任。

五、關於退休問題，在三、四年前，政府研討政務官退休問題時，我曾致函中央黨部張秘書長建議一併考慮監察委員的退休制度。因爲確有若干委員爲了種種原因不願做下去，但不好意思自動引退；如果國家淮許退休，他們就可依據法制而心安理得的退隱了。所以將來辦了增補選，則既已有人接替，而又有退休金可得，如果再由執政黨推動一下，一定有人自動退休。

六

此外，我覺得還應該就改選問題略述所感。我雖首倡再辦增補選，但我在內心上並不反對改選，而毋寧願意樂觀其成。因爲這樣不獨比較乾淨俐落，而且我這個五、六年前早想求去的監委就可「瓜熟蒂落」，不必強求擺脫，於心不安。但我不能公然主張，因爲事實上有很大的顧慮，包括：

第一、這是對二千多個委員和代表的「大手術」，中華民國這個「病人」是否擔負得起，我很悲觀。

第二、僅由自由地區一千四百萬人民選舉代表（海外僑區祇能遴選，不能普選），以代表中華民國七億人民（這就是所謂改選），以此與就原由大陸人民選舉出來的現任代表增加自由地區新選和海外地區遴選的代表（這就是所謂增補選），兩相比較，後者在法理上顯然比較圓滿和穩妥。

第三、尤其不可忽視的，憲法第二十六條規定，國民大會須由七種代表組織之。包括：一、各縣市；二、蒙古；三、西藏；四、邊疆地區；五、僑民；六、職業團體；七、婦女團體。第六十四條規定，立法委員須由六種選民選出之。第九十一條規定，監察委員須由五種選民選出之。都須包括全國各省市和特種地區。現在如果全部改選，所能產生的祇有臺灣地區和海外僑民的代表，不獨不便再自稱是全國七億人民的代表，而且必須修改上引三條條文，規定國民大會、立法院和監察院可由臺灣地區和海外僑民的代表組織之。這樣的大修改（包括臨時條款在內），能夠獲得國民大會的同意麼？

七

最後，請容我再複述一點：增補選假如選出立法委員一百五十人（這已超過經常出席立法院院會委員的平均數），監察委員三十三人（這是現有監委的半數），縱使不把現任委員的經驗智慧和能力計算在內，縱使現任委員退休得不多，他們（新委員）已足帶動立、監兩院走向理想的境界了（我們應該期待新委員都是理想人物），則增補選尚不失爲一好辦法，而且也許是唯一可行的辦法。

六十年十二月九日　臺北

怎樣辦好中央民意代表的增選？

對於政府要辦的這一次的國家選舉，我個人倡議最早，不獨寫文章鼓吹，而且也在監察院大聲疾呼，不遺餘力，所以我對它特別關切，希望它辦得很好，眞能公平合理，選賢與能。同時也像仲肇湘委員等所說，我希望大家來注意，來改進。今天《大學》雜誌社舉行這個座談會，可以說是過去所沒有的，可以說是開風氣之先，在人民普遍的注意之下，這次選舉以及民主政治的推進，可望能夠獲得偉大的成果。

第四十八條太不合理

方才聽到舒子寬議員說的種種委曲，過去本來亦有所聞，不過還沒有了解得這麼眞切。幸而舒議員還是當選了，這可證明臺灣還是講究民主和法治的，不過辦法訂得不很好以及執行的人不很守法而已，而這也是很要不得的。

她方才說到選舉監察委員會以及選舉事務所，它們對選舉候選人常有所處分，但沒有救濟辦法。這個問題很重要。因爲有權的人常常要濫用權力，孟德斯鳩有一句話，唯有以權制權，才能防止濫權，那就是說要以另一個權來制衡這個權。選舉監察委員會以及選舉事務所的處分，要是濫用了權力，就當有制衡它的力量和機會，這就是舒議員所呼籲的救濟辦法。

我帶來這次的選舉辦法，它的第四十八條就不夠合理。該條規定：選舉訴訟應由高等法院受理，以一審爲限，不得上訴，而且也不得提起再審之訴。選舉訴訟由法院審理，這自合於制衡之理的，但不准上訴和再審，這就不夠合理和合法了。而且同條第二項規定，選舉訴訟適用民事訴訟法的規定，這就更顯得自相矛盾。因爲民事訴法規定，訴訟標的在八千元以上時就可上訴於最高法院，八千元是銀圓，合兩萬四千元臺幣，尙可訴訟到最高法院，但是選舉訴訟的判決可使當選無效，也可使整個或一部分選舉無效，而祇能一審，祇能在高等法院一審就結束了，不能上訴最高法院，而且卽使後來發現新事實或新證據，證明那次選舉的判決是違法的，是應該救濟的（這就是再審制度），但是不准再審。對於這個缺點，現在恐怕沒有補救的可能了。

我很欽佩大學雜誌社很快來辦這座談會，但是政府跑得比我們更快，也許這是一種新的精神。希望以後人民要和政府來一個競賽，知道政府跑得快了，以後我們若是對於政府措施有甚麼意見，有什麼運動，就要提高警覺，跑得更快、更先。方才主席說，《大學》雜誌不是一個政治團體，我看過去幾期，很富於學術性或理論性。我今天提出這個理論問題，希望今後再辦選舉時，選舉訴訟既然是準用民事訴訟法，就應該不要一審就予結束，而應該可以上訴到最高法院，確定以後，發現了新事實新證據，還應該有救濟，就是准許再審。

有人也許會辯說：選舉訴訟，必須速結，如果准許上訴或再審，勢必曠時拖延，自非所宜。但我以爲「欲速則不達」。正確和愼重，也同樣重要，甚至比迅速尤有過之。如果案件必須這樣速結，則國家何必要有三審制度呢！如果選舉訴訟可以不要三審，祇許一審，則何事方需三審呢！尚有何一民事官司比選舉訴訟更重要而必須三審呢！這樣，三審制度不是根本可以一律改爲一審制度麼！

而且選舉訴訟何以必須速結呢？一個候選人當選後就可行使職權，選舉訴訟提出時，他也許依法已在行使職權了。假使一件選舉訴訟每審需要一個月，則兩審也僅費時兩個月而已。多一個月而有三審的機會，比少一個月而一審終結，對國家和當選人都有好處，爲甚麼要這樣趕緊的草草終結呢？

至於再審更不可少。再審是對判決錯誤或違法的補救，民事訴訟法列舉有十五條款之多，都非糾正和補救不可！選舉訴訟的錯誤和違法，爲甚麼不許補救呢！而且再審的開始，並不當然停止原判決的執行，與原案的迅速判決和執行，毫無影響，增選辦法更無將其否定的必要和理由。

第二十六條更要不得

另外一點，也是我不以爲然的，就是第二十六條。因爲該條規定，在競選過程中，地方法院首席檢察官，發現候選人有違法競選情事，可以報告最高檢察長核定並取得選舉事務所核准，取消該候選人的資格，不准繼續競選。這將如悲悼諸葛亮的兩句詩：「出師未捷身先死，長使英雄淚滿襟」。

合理的辦法是遇到違法情事，檢察官應卽加以阻止，如情節嚴重，可依刑法向法院提起公訴，如果他當選了，並可依該辦法第四十二條訴請法院判決他當選無效。

有人也許又會辯說：候選人違法競選旣可取消他當選的資格，當然也可取消他候選的資格，後者不是更及時更乾脆和更有效麼！我說是的！但必須由法院加以「審」和「判」。而不應由辦理選舉的行政人員和檢察官（他們都須奉命行事，不能也不應有獨立行使職權的權力。如法官所能享受者）予以取消。

如果說候選人資格可由選務人員和檢察官將其撤銷，則他們是否有資格取消當選人的當選資格，而不必經過法院法官的審判呢？這在政府也知道是要不得的。好在增選辦法已照民主和法治的常規，規定由法官審判選舉訴訟，我建議索性民主和法治到底，讓法院撤銷候選資格（如果時間來得及）或取消當選資格（如果判決在當選之後），並依刑法科以罪刑（如果觸犯刑法）。

要使選舉是選人而非選錢

除此之外，我還想就競選經費問題提出兩點意見：一是消極的，國家要限制有錢的候選人以金錢去操縱選舉；一是積極的，國家要給候選人適當的補助，使無錢的人也有宣傳的機會。

現在候選人的政見發表會是公辦的，宣傳品也是聯合印在一起而由政府分送給選民的。用意都很好，但不可因此排除候選人自己所辦的政見發表會，更不可禁止候選人自己印發宣傳品。因為要使選民有認識和選擇候選人的可能和機會，僅有公辦的宣傳是不夠的。

為防止金錢操縱選舉，有些國家定有限額，例如對每一選民平均衹許用多少競選費，如果他的選舉區內的選民是七十萬人，對每人可用兩元，他的競選經費便不得超過一百四十萬元。有些國家並且規定候選人要把他的費用於選舉完畢後列册報告選舉事務所，聽任其他候選人查閱，看看有無漏報或偽造。

在積極方面，有些國家為候選人建立廣告牌，候選人可以免費貼上宣傳品。也有國家准許候選人對其選民免費寄遞宣傳品，對每人各一次。在總統競選時，有些國家並規定電視宣傳的同等機會和同等時間。

就這裏的選舉來說，競爭雖不及有些外國的劇烈和多采多姿，然如果可以任意花錢，有錢的候選人可以包下電視時間儘量宣傳，沒有錢的候選人就大吃其虧了。如何使選舉是選人而不是選錢，我們要設法預防。

一本暢銷書何以不暢銷？

第二次發言：我方才聽了舒議員的補充報告，想起四十年前，在美國求學時的一本暢銷書，

叫做 *The Great Game of Politics*，報導美國的政治賭博和政治把戲，充滿競選的醜聞和傳奇。那本書那時非常暢銷，但是現在已經沒有人看了。因爲四十年以前，美國這些醜聞，經這些教授們揭發出來，喚起了大家的注意而加以改進，現在美國選舉已較合理合法了，那些花樣已不存在，所以那本書也沒有人要看了。從現在開始，我們大家對選舉也要加以注意、研究和督促大力改進，希望這次的選舉，不要再有舒議員所說的花樣。我也願意盡一點責任，把大家的話反應給政府，不許再玩那些花樣，以保持國家的體面。

六十一年七月七日

改造國會　九仞一簣

——資深民代退職問題的新構想

增額選舉先知先導

中央政府遷到臺灣後，國會及其資深民代就發生結構性的根本問題。因爲它的架構本來是爲全中國所設計的，後來以其適用於臺灣一隅之地，當然格格不入。但在最初的二十餘年，臺灣經濟還沒有富裕，教育也沒有發達，尤其臺灣海峽戰雲密佈，大家都在憂患之中，而且現在活躍於政治方面的許多反對派人士那時尙都幼小，所以國會的結構縱然不合適也不合理，但是大家還能相安無事。這些情形十餘年前就起變化，所謂時代在變，環境在變，形勢也在變，而首當其衝的就是國會及其民意代表問題。政府假使不把它好好解決，困難自會更多，甚至動搖國本。

我曾忝爲中央民意代表（監察委員），早就有這預感，所以在民國五十五年便在監察院提議要求辦理增補選，以加強自由地區在國會中的本土代表性。那時監察委員丘念台已過世，臺灣省本來僅有五位監察委員，怎可再少一人！我在提案中要求立即辦理選舉，不獨要補足丘委員的遺缺，並且要增加名額。立法委員也當增選。後在民國五十八年，政府果然辦了一次增補選，但三個中央民意機關所增補的總人數，祇有二十七人，當然太少。

於是我在那年（五十八年）年底又呼籲要再辦理增選，並且主張立法委員應該增選一百五十人，監察委員增選三十三人。以後每次辦理增選，我都大聲疾呼，要求再增名額。可是直到現在，立法院的增選名額不過九十六人，而資深立委卻尚有二百零七人。

兩年多前，形勢大變，很多人要求全部改選，這很合理，但非修改法律不可，而修法之權操在國民大會或立法院的資深代表之手，那無異與虎謀皮。而且全部改選，乃是由自由地區一隅的選民來產生代表全中國的國會，依法依理依情依勢，也都不合。於是我乃提供一套新對策，包括這樣各點：

英式可嘉法式可怕

一、重訂三個中央民意機關的總額，我主張國民大會代表四百人，立法委員三百人，監察委員七十人。

二、對這些新總額，立法委員以兩次選舉，共計六年，國大代表和監察委員各以六年一次的選舉，予以選足。以後一律稱爲第二屆。

三、改選後的國民大會必須設置大陸地區的代表，但人數不得超過總額的四分之一，由自由地區選民依照保障名額辦法或比例代表制以普選產生，以保持國民大會的全國性面貌。

四、在未來六年限期內，資深代表與增額代表共同行使職權，不必退職，但增額立監委員的人數必須多於資深委員，六年之後，全部離退。

我這構想，一方面顧到政治原則和民意，同時也兼顧政治現實和形勢。這當然不是很圓滿的辦法，但是無可奈何，所以祇好不得已而求其次。

我曾強調英國的國會制度作爲論據。英國的國會現有上下兩院，下議院議員五百餘人，每五年改選一次，由人民普選產生，權力較大於上議院。上議院議員九百餘人，百分之九十九強由英皇遴選，終身任職。英國在第九世紀已有國會，後來內部分裂，平民代表退出國會，另組下議院，而貴族所組織的則稱爲上議院。這是皇室與人民溝通妥協的結果。雙方如果堅持要攪清一色，置對方於不顧，則自必採取革命手段，有如法國大革命，雙方鬥爭，禍亂循環，誘發外力干涉，國幾滅亡。在這兩個模式中，英式可嘉，法式可怕，謀國之忠，應知取捨。

現在政府提出了退職辦法，它與我的構想相比較，有優點，但也有缺點。現在截長補短，提出我的新構想，如下：

欲速不達遲則生變

一、照我的原構想，資深民代六年內不必退職，所以不必制訂退職條例。現在政府既已提出退職條例，當然更能鼓勵資深民代的退職，我很贊成，切盼早日完成立法程序。

二、依退職條例草案第四條，患重病不勝任職務連續達一年以上，或非因公務而居留國外逾半年者，都須強制退職。我建議增加一款——年滿九十歲者（現有二十五人）也須退職。

三、前條規定所謂一年或半年或九十歲的資深代表，在該條例開始施行時，固須退職，但我建議，在該條例有效期間，也應該陸續隨時辦理，即資深代表一旦屆滿一年、半年或九十歲時，也須依法強制退職。

四、我本來主張資深代表應在六年後全部改選，而行政院提出的法案，則沒有規定全部退職的限期，兩者都不妥適，現在我建議，把我主張的六年限期縮短爲三年，資深代表應在民國八十一年底一律退職，辦理改選。

五、凡在八十一年前自動退職者於具領退職金外，一律被聘爲光復大陸設計研究委員會無給職委員，原任該會委員者繼續無給留任。

六、此項構想應請總統或行政院長於最短期間諮詢各黨各派和社會各界信望素孚的領袖後予以公布，作爲修訂法律的準繩。

必須具備三項特性

我以爲國會問題的解決，必須具備下列特性：

一爲代表性：照上述構想，以立法院而論，現有資深委員二百零七人，如果重病或居留國外或年滿九十歲者一律退職，加上其他自動退職的委員，餘數可能祇有一百人，而照一般估計，明年改選和新增人數可能爲一百五十人，則在一百五十人對一百人的比例下，立法院便具有自由地區的充分的代表性了。

二爲功能性：有人常說資深立法委員年華老大，心態保守，妨礙進步，但如能增加一百五十位新委員，以與資深的一百人共事，則立法院的功能，依理必能大大加強。

三爲可行性：資深代表全部改選，即使在理論上更能發揮代表性和功能性，但依法依勢恐難實行，而上述新辦法則阻力較少，應能順理成章，充分實現。凡我國人務請特別重視！

「爲山九仞，功虧一簣」，「止，吾止也」，「進，吾往也」。願共努力，以竟全功！

七十八年十二月六日

年底選舉與兩岸關係

青年中國黨（不是中國青年黨）的《民主中國》雜誌社日前舉辦「年底大選展望與兩岸互動關係」座談會，探討左列五個問題：

一、政黨初選及提名能產生恰當候選人選嗎？
二、大選面臨的政治焦點。
三、中華民國在臺灣的民主能激盪大陸民運嗎？
四、臺灣今年底大選，對政情的影響。
五、今年底大選對兩岸互動的影響。

這些子題都很有益和有趣，我奉邀也發表了意見，但現在回想，意猶未盡，所以重加思索，寫成本文。

中外初選功能未彰

關於第一個子題，初選的功能。因爲初選乃是創舉，他國也很少舉辦，所以資料還不夠作出它能不能產生恰當的候選人的判斷。

按：實施內閣制的國家，國會隨時可被解散，而解散後重辦選舉，兩者相隔又僅數十日，所以各黨平時都得準備好了候選人，一聲解散，他們就各到選區，向民間展開競選，當然無暇更辦初選，而候選人乃不得不早日決定於黨部和黨工。這雖不很民主，卻是無可奈何。

但在總統制的國家，國會不能被解散，議員任滿改選時，競選期間很長，黨部乃能從容辦理初選。這在美國辦得特別出色。可是美國兩黨在五十州中也不是都辦初選，有些州仍由黨部和黨工操縱候選人提名。

以初選制（黨員直選）與代選制（黨員代表代選）兩相比較，前者當然較爲民主，但它能否產生恰當的候選人，則我猶不敢斷言。例如美國卡特總統以一個小州的州長因爲連任無望，乃妄想入主白宮，他與夫人以三年時間遍歷並深入五十州，越過黨部，直接向黨員拉票，「皇天不負苦心人」，黨員初選制竟把他送登白宮寶座。但他乃是一個庸俗的人，例如冒冒失失地與我國斷交，以致我們受害很大，也損害了美國的道義立場。

當前急務規矩乾淨

在臺灣，執政黨可能有鑑於此，而且黨員人數僅爲選民的五分之一，黨員的好惡也未必就是選民好惡的影子，所以黨部對於黨員初選的結果不得不保留評鑑之權，於是乃另有所謂黨部自己的「規劃」人選，必要時摒除初選當選人而代之以它夾袋中的較好人物。這樣的處理，也許有利於選戰，但卻使人覺得初選有似兒戲了。我預見初選制將會陷於進退維谷，但我仍願予以支持，並樂觀它成長健全，爲政黨政治發掘和培養更多的人才。

其次，談到年底選舉面臨的焦點，因爲那時先我發言的邵、胡兩教授已經一一列舉，無需我再補充，我乃指出選舉的行爲問題，也就是賄選和暴力，已成爲面臨的焦點。我於是提到呂秀蓮女士推動的淨化選舉和執政黨大力展開的端正選風兩個運動。我對它們寄以厚望，並口述了一則「順口溜」加以歌頌：

選舉淨化，選風端正，
規規矩矩，乾乾淨淨。
正大光明，君子之爭，
選賢與能，大道之行。

四個解除激勵大陸

第三，於是我可答覆第三個問題——臺灣的民主能激盪大陸民運麼？當然能夠。

由於資訊發達，交流暢通，臺灣海峽已經變成中國的內河。「銅山西崩，洛鐘東應」，從前臺灣經濟稍有成就，大陸便已喊出「經濟學臺灣」。現在臺灣解除了黨禁、報禁和戒嚴，也解除了人民心中的恐懼，而這四個「解除」，正是大陸人民所夢寐以求的，這個好消息豈有不激盪大陸民運之理！

至於年底選舉，對國內政情和兩岸關係，自必也有影響，但是不會很大。較大的影響，可能發生在再過三年多的民國八十一年的選舉。

因爲今年年底的選舉，執政黨氣勢很旺，而在野黨則羽毛未豐，將來選舉結果，政府的體制、政策和人事都不會因而大變。至於兩岸關係，臺北一向處於主導地位，北平則順水推舟，不很積極，而臺北今後仍將：「在維護復興基地安全的前提下，循穩健、主動和漸進的步伐前進。」（李登輝主席）

三年以後禍福難言

但三年後再辦選舉時情況可能變更，例如國民大會代表可能會大幅調整，則選舉結果便可能會影響國內政情和兩岸關係。

何以言之？因爲那些侈談「新憲法」「新國家」的反對派人士可能（我僅說「可能」）榮登政壇，如果獲得國民大會代表三分之二以上的支持，則現行憲法勢將被其廢止，而另一個「新而獨立」的國家就會取代中華民國，那時不獨內部大亂，而且中共也必乘機進犯。禍患無窮，我爲此懼！

但是，「禍福無門，惟人自召」。所幸臺灣沒有革命的條件，一切重大變革，都將取決於民意及其選舉或公民投票。如果政府得人和得民，社會正常和正派，則三年後的選舉，可望不致發生重大差錯。敬此預祝！

七十八年七月二十一日

為國會全面改選呼號

國會全面改造初試啼聲

對於這次選舉的觀感，我要仿效李總統半年前的一句名言來表達，那就是「雖不完美，但有進步」；因而也「雖不滿意，但可接受」。

這次選舉的選風雖並不完美，也難以使人感到滿意，但比較從前已有進步，所以大家還覺得可以接受。這次選戰中隨處可見明顯的缺點：

第一個缺點是金錢掛帥，金牛猖獗；但是幸而執政黨提倡端正選風，並且還懸賞獎勵來揭發賄選，民間也有自發自動的組織來推動淨化選舉運動。所以賄選雖有所聞，但情形較以前好。然而，始終無法改善的是，選舉花費金額極大，浪費也驚人，這不但污染了選風，也敗壞了政風，這點必須大力改進。

第二是暴力横行造成社會紛擾，幸而憲警維持秩序，既不放縱也不過激，這使整個局面不致太過惡化，而現場蒐證與選後算帳的作法，看來國家對犯法者將會訴之於法，科以刑罰或撤消其當選資格，應可以收懲儆與預防之效。但我希望不要做得過火或株連太多。我也希望各黨各派，特別是邁向第二大黨的民進黨會摒棄草莽作風，從事君子之爭。

第三也是最不幸的，臺獨叫囂，強化了統獨的紛爭也更加深了臺海的危機。幸而一般社會包括民進黨的有識之士不與其苟同。鄧小平說五年內要「解決」臺灣，否則睡不著覺，未來五年，我們不要給鄧小平機會。我個人預料臺獨運動將在政府取締和民間恐懼之下不能發展，從而減少危機。

第四爲政黨政治尚待努力。自從黨禁解除之後，國內已先後成立了三十多個新的政黨，而這次投入選舉的也多達十六個，這兩者都超過其他國家甚多。但是先天不足而又後天失調，因此除了民進黨外都未能形成大氣候。所以大家對民進黨寄以厚望，而我對之則更是樂觀其成。但是執政黨的國民黨須負起更大的責任，它必須要行善修德，除舊佈新。就選舉談選舉，我認爲執政黨此次選舉所以遭受到挫折，國會不能改選應該是惡因之一。以這次選舉爲例，其中最重要的立法委員選舉仍舊是增額選舉。這種增額選舉過去很有成就和貢獻，而且資深立委七十餘人可望很快退職，於是新選出的增額立委便多於資深者的人數，但畢竟仍不足以改造國會體質，與民更始，實爲美中不足之處。因此我以爲增額選舉應到此爲止，再過三年後（民國八十一年底至八十二年初）所舉辦的三個國會（立法院、監察院和國民大會）的選舉，就應當正式改爲第二屆的選舉，使得現有第一屆的資深代表（國大代表和立監委）可以一律連帶退職，以增強國會的代表性和功能性。

爲了使國會的改選能夠順理成章，我建議三項實施辦法：

一、爲了保護中華民國不會被篡改而爲「臺灣共和國」，我們必須要仔細保護現行的憲法，並且使得新的國民大會仍能保有全國性的代表意味，而不致形成爲臺灣一省的議會，所以新的國民大會中應仍舊維持有大陸的代表，但其總數應以不超過四分之一爲上限，不宜過多，而且應嚴格限制於國民大會之內。至於在立監兩院，因爲並非是政權機關，不必也設置這種保障名額。

二、其次，新國大代表中的大陸代表之產生，可由參選國大代表的各政黨依其得票的多寡以爲比例代替選民提出大陸籍人士來充任，不宜由總統遴選。

三、現行的中央民意代表退職條例可施行至民國八十一年七月底，資深代表如逾時退職則不得支領退職金。我期待兩年半後，他們會全部退職，現在不可也無必要逼之太甚。

綜觀這次選舉可以知道人民的眼睛是雪亮的，所以各個政黨，尤其是執政的國民黨和在野的民進黨更須好自爲之。這兩黨必須向人民羣衆學習和回饋的，實在太多了，我衷心的期待下次更重要的選舉會因這兩黨的進步而辦得很完美。

七十八年十二月三日

國會改選的兩全設計

民國五十六年，我在監察院提案建議政府在自由地區舉辦中央民意代表的補選和增選，兩年後乃增補了二十六位新代表，後來政府增訂臨時條款，人數續有增加。賴有這個增額選舉，國會乃能增強了自由地區的代表性，青年才俊乃能進入國會，從而也加強了國會的議事功能，增額選舉功不唐捐。

增額選舉難饜民望

但是過了二十年後，這個綴綴補補的應急辦法，似乎非更張不可了。我又大費腦汁，研究改進方法，其中之一，是大量增選立監委員，使其人數超過資深委員，從而使自由地區的代表性更增強，青年才俊的問政空間更寬廣，國會的議事功能也更健全。

但我沒有建議要強迫資深代表（包括國代和立監委）一律退職，並全面改選。因我深信那必須修訂臨時條款，方能實施，而那將是「與虎謀皮」。好在我認爲他們的影響力和比重，都將自然快速地衰退，以至有若無，實若虛。

可是我那原構想未能全部實現，以最具關鍵作用的立法院爲例，增選委員數迄未能超過資深人數，以致自由地區的代表性，青年才俊的問政空間以及增強議事功能等理想，大多未能落實，於是增額選舉便不能滿足社會的期望，而全面改選的聲勢乃銳不可當。江郎才盡，我不知如何是好。

幸而日前我看到報載國大代表蔣紀周先生（後來又加上顏澤滋代表）建議召開第二屆國民大會，以自然而然地終止現有的第一屆國大代表的任期。我以爲這是解決國會問題僵局的最務本務實的辦法，我希望大家加以重視、研究和鼓吹。

茲將蔣代表的構想和我的意見併列於左：

國會一律改稱二屆

第一、蔣代表說：「憲法第二十八條規定：『國民大會代表每六年改選一次。國民大會代表任期至次屆國民大會開會之日止。』次屆國民大會沒有開會以前，上屆代表依法不能去職……但我們也不願意安於現狀……所以我們主張從速籌組第二屆國民大會。」我很欽佩蔣代表這種廓然大公的器度和智慧。

我以爲國大如改爲第二屆，則立法院和監察院也應把改選後的兩院一律改稱爲第二屆。

第二、蔣代表主張新的國民大會必須設置大陸代表。他在回答我的信中說：「第二屆國民大會欲求其具有全國性，則必須設置大陸與僑胞的國大代表，例如延攬嚴家其、方勵之等反共民主人士及大陸與海外之學者專家（及各界領袖）共同參加。」

我一向主張新的國民大會必須保存全國性代表制，這不獨能夠顯示它的全國性規模、體制和面貌，也是爲保護現行憲法的一些基本條款，例如憲法第一章（總綱）和第二章（人民之權利），使其不致被輕率地破壞。但我的構想與時論頗不相同，我以爲全國性代表制應受三重限制。

大陸代表三重限制

蔣代表主張以遴選方法產生大陸代表。他在去年八月一文中詳論遴選之可行。他說：「稽考我國晚近選舉實務，運用遴選辦法而達成選賢與能任務的，所在多有。第一屆至第四屆參政會，對抗戰大業，貢獻極大，其參政員的產生，大都經由政府及政黨的遴選。制憲國民大會制訂了輝煌的憲法，其代表亦有出於各黨派的遴選。臺灣省的制憲國大代表，幾乎全部由遴選產生。……遴選制辦法如能得到社會認同，未始不可達到選賢與能的目的。」

我贊成蔣代表這些理論，而且我尚可舉出世界民主國家的一些實例，以補強他的論據。例如英國下議院雖全部普選，但上議院的議員，除北愛爾蘭選出的幾名外，其餘九百餘名，都由英皇遴選，而英國國會迄今仍居於崇高的地位，不因一院遴選而受損。

但現在快到二十一世紀了，時代和潮流，與英國在十六世紀建立上議院制度時，相距已達四百多年，情勢大不相同，所以如果我們要採用遴選制，我主張應採政黨遴選制，而不是由政府來遴選。

選民授權政黨遴選

其次、我主張全國性代表的人數不得超過國大全體代表的四分之一，由自由地區選民，授權參加選舉的政黨以它們所得國大代表人數或票數為比例遴選各自的大陸籍人士為國大代表。這是說，新國大代表人數如為四百名，選民直接選舉其四分之三即三百名，其餘一百名則依比例代表制由各政黨遴選之。

這個辦法，與時賢建議的比例代表制不盡相同；他們主張選民須投兩張選票，一張圈選國大代表，另一張圈選政黨，然後由各政黨憑所得票數依比例代表制分別提出大陸代表的人數。但照我的辦法，則以各政黨所得國大代表人數或票數比例分配各黨全國性代表的人數，而不必另投一張政黨選票。

復次、但我主張全國性代表制僅限於在國民大會，至於立監兩院則不必適用。因為國大的職權，選舉總統和修改憲法，利害直接及於全體中國人，所以他們有參與的必要和權利；而立監兩院的職權則僅及於自由地區的人民，可由他們全權行使。

第三、蔣代表在結論中指出：「以上立法原則須經第一屆國民大會第八次會議依照憲法第一七四條第一款之程序，修訂動員戡亂時期臨時條款加以規定，然後由政府訂定程序，依次執行。到了第二屆國民大會依法集會之時（民國八十五年二月第八任總統任期屆滿前九十日），就是第一屆國民大會代表合法解職之日。那時資深代表們已完成了神聖任務，心安理得的退職。」

不能提前也難再拖

結束增額選舉，舉辦全面改選，自須修訂憲法臨時條款和有關法規。但我以為第八次國大會議明年二月就將舉行，正好及時修訂臨時條款。則在民國八十一年底應辦的增額國大代表和增額立法委員選舉，以及接著辦理的增額監察委員選舉，就可改為第二屆國會選舉。一俟代表選出，就可分別舉行大會，時間將在八十一年底或八十二年初，屆時資深代表和委員都可因「任滿」而解職了。所以新制實施的時間不必遲到民國八十五年。

然則可否提前舉辦第二屆國會選舉和集會，例如就以今年年底的立委選舉作為第二屆並同時提前舉辦第二屆國大代表和監察委員的選舉，以早日解決國會僵局？但是我認為不可。因為第一、國會全面改選必須先修改臨時條款，而今年顯然不可能。第二、現任增額國代和監委尚有三年餘任期，不得將它腰斬而改選。「投鼠忌器」，所以國會的全面改選，最快也必須再等三年了。

以上兩個鐵的事實，不是任何熱心於全面改選運動的人所能無視或不理的。我奉勸他們稍安毋躁，並請退而支持我們兼顧事實和理想的這個「兩全設計」，共同敦促政府採納施行，以求一勞永逸。

最後，我不免還要說幾句肺腑之言。「人人都道休官去，林下何曾見一人」，辭官本來是很艱難的。所以我從監察院引退雖達十三年，但過去從不勸人退職，反而善爲辯護。可是如照我們這個兩全其美的設計，則護憲保國，將來繼起有人，而且解職停薪，尚在三年之後，我期待資深代表會樂於贊同，否則鳴鼓而攻之者，絕不僅止於現在少數反對派人士而已。

七十八年九月二十四日

國會全面改選的全盤規劃

我曾寫〈國會全面改選的新構想〉，意猶未盡，用特補充。

第一、增額選舉已不能滿足社會的需求和期望，全面改選的攻勢今後自更銳不可當，不獨出自反對派，而且遍及全社會。

資深代表不肯退職，自當依法處理，但政府尚須提出全面改選的諾言及其辦法和時間，不容推拖敷衍。我建議：

一、民國八十一年年底新選出的國大代表和立法委員以及次年所選出的監察委員，一律稱爲第二屆，於是現任第一屆中央民意代表那時當然去職，也不給退職金。

二、新國民大會設置大陸代表一百名（佔全體四百名之四分之一），由自由地區選民，授權參加選舉的政黨以與它們所得國大代表票數（而不以當選人數）爲比例，分別提出大陸籍人士充任之。

三、立法院和監察院不採大陸代表制。

第二、此項舉行第二屆國會的規劃，自須修訂臨時條款，應請在明年二月召集的國大第八次大會完成修訂程序。

但如此辦理，政府可能會怕影響國民大會的情緒和總統選舉的得票率，有人乃主張將實施期限拖到民國八十五年二月。我以爲那就太遲了。其實李總統現在政聲很好，他當選應無問題，卽使因此流失一些選票，乃是求仁得仁，爭千秋而不爭一時，所以大可不必過慮。

第三、如果必須斤斤計較，以防萬一，則不妨暫緩攤牌，待到民國八十年召集一次國大臨時會修訂臨時條款，並趕辦第二屆國大代表選舉，召開第二屆第一次大會，以依法終止代表的任期。

七十八年八月十七日

增修憲法方式問題

終止戡亂時期增修憲法條文

《遠見》雜誌記者問：您對終止動員戡亂時期的看法如何？

答：所謂動員戡亂，是發動我們的人力物力以阻止和敉平中共的武力侵犯。現在中共雖未動武，但還是在揚言要以武力統一國家，並且不斷地耀武揚威，隨時可能發動內戰，我們爲保境安民，祇得動員以待，枕戈待旦。這眞所謂「樹欲靜而風不息」，我們是樹，中共是風，我們是被逼作出動員和戒備。中共一日想動武，我們便一夜不能安枕，所以動員戡亂時期迄今不能終止。

內保安和外示和平

但是中共目前自顧不暇，不會貟渡海進侵，所以我們不妨終止動員戡亂時期，以求休養生息。

同時還有一個重要的原因，我希望政府也作此想，就是我們所以終止動員戡亂時期，是可藉此讓中共能夠體會我方謀求和平統一的善意和誠意，而對我方作出和善的反應。

而且政府既已解除了戒嚴，從而又開放了報禁和黨禁，甚至認爲言論不觸法，陰謀不爲罪，凡此措施本與動員戡亂的要求相牴觸，而今都已開放了，所以我認爲政府大可終止這個名存實亡的動員戡亂時期。將來臺灣海峽如果長此風平浪靜，天下太平，我們便無恢復動員戡亂時期的必要，則和平統一便在其中了。反之，如果風暴再起，我們自可予以恢復。

問：動員戡亂時期一經總統宣告終止，憲法臨時條款是否隨卽失效？還有二十幾種頭戴「動員戡亂時期」或「戡亂時期」這頂法冠的法律，例如動員戡亂時期公職人員選舉罷免法，是否也將失效？如果失效，如何補救？

答：有人以爲不致於失效，但我以爲自必失效。幸而補救辦法並不太難。如果沒有繼續施行必要的法律，正好讓它從而自行消失，有必要的，可依修改法律的程序，刪除「動員戡亂時期」那些字樣就可繼續有效，而這祇是舉手之勞而已。

問：然則臨時條款應否廢止呢？其中如有應予保留的，是否另訂憲法臨時條款？抑或直接回歸憲法或修改憲法？甚或另訂新憲法？

答：現行臨時條款中，有幾條涉及一些大問題，例如關於中央民意代表的名額和選舉等，必須有所交代，而且不是法律所能規定的。但是如果修改憲法本身恐將引起許多題外和意外的爭執，不是我們現在所能承受的。至於另訂憲法，例如所謂「基本法」或「臺灣共和國憲法」，更將導致天下大亂，更不可行。比較簡易可行的，乃是重整臨時條款，而出之以美國的方法。

美國方法簡明可行

問：何謂美國式的修憲方法？

答：第一、它將修正條文另立一章，載在憲法之後，即使變更憲法原有條文使其失效，也不把它删去。美國憲法的增修條文現在已有二十六條之多，而原有憲法本文則僅七條，兩者並存。第二、美國增修憲法條文，第一次一下子增修了十一條，都是有關於人權保障者，以後各次增修，都是每次一條，一目了然，這樣可使各州易於批准。第三、美國修改憲法的程序，本有兩種，但事實上都由聯邦國會參衆兩院議員三分之二人數的提議，經三分之二州議會的批准。

我國修憲或制訂增修條款，也有兩種程序：一是由國民大會代表提議和決議，二是「由立法院立法委員四分之一之提議，四分之三之出席及出席委員四分之三之決議，擬定憲法修正案提請國民大會複決。」現在如果要增修憲法，我認爲用這個程序比較穩妥。所謂「複決」，應該是指整案表決，國民大會祇有接受或拒絕的權力，不得加以修改。美國州議會處理國會所提憲法修正案，也祇有批准或拒絕兩者之間的選擇，而不得修改其內容。

試擬一個複決提案

現在如果辦理憲法增修案的複決，第一次最好僅提改選國會一案，以求順利通過。我試擬案文如下：「辦理第二屆國民大會代表、立法委員及監察委員選舉時，總統得依下列規定訂頒辦法，不受憲法第二十六條、第六十四條及第九十一條之限制：一、國民大會設置全國性代表，其名額不得超過總額之四分之一，由參加自由地區國民大會代表本屆選舉之各政黨，依其得票數之比例，提出大陸籍國民充任之。二、僑居國外國民應選出之立法委員及監察委員不能辦理選舉者，得由總統訂頒辦法遴選之。」

立法院的憲法修正案經國民大會複決通過（批准）後可作爲「憲法增修條文」，附載於憲法之後，而毋須變動其有關的原文。

七十九年四月五日

恢復憲法體制的本來面目

四月八日我參與一場中央政治制度的討論，談到總統制內閣制和五權制。一位新聞記者在報導中說我對總統制「情有獨鍾」，其實不然。

簡單扼要突出三制

我那天用幾句簡單扼要的話標出三種制度的要義，我說：

總統制是：三權分立、互相制衡，總統較強。在這三個要素中最突出的是三權制衡，所以總統縱使較強，但不可能變成強人或強人政治。我將加以說明。

內閣制是：三權不清，元首虛位，國會特大。其中最突出的是國會獨大。所以內閣淪爲國會的一個「派出所」和委員會，而「內閣制」乃又叫做「國會制」。

五權制是：五權分立、制衡協調，總統較尊（註：其中「協調」和「尊」字樣是我現在所修飾的）。它的特色是旣制衡又協調，所以是難能而可貴。

我因近來一再談過內閣制，所以那天沒有多說，至於總統制則因近來論壇常把我國中央政制簡單化和口號化地認爲是總統制，從而危言發生了憲政危機，我本著一位政治評論人的良知，不可不略有指陳。

我指出，近來論者認爲我國總統權力特大，大於行政院長和立法院，而且可以不負責任，所謂「有權無責」，從而變成「強人」，而使行政院長「有責無權」，從而又冷落了立法院。其實並非如此。我於是稍加說明。

我指出，依據憲法第四章關於總統的權力和責任，我國總統享有八種權力，但同時也負有八種責任，他並非可以任意用權。例如第三十七條授權「總統依法公布法律，發布命令」，這「依法」兩字就是國家加於總統的制衡和責任。如果違法公布或拒絕公布法律或命令，總統可受監察院的彈劾和國民大會的罷免，行政院也可予以反對（公務員服務法第二條），司法院且得以解釋宣告其無效。他所負的責任是很大很重的。總統其他七種權力（憲法第三十八條至第四十三條），也都須「依法」辦理，受法律或憲法的規範，並受法律的制裁。

憲法必須酌量增修

那天我也指出，以上云云，係就憲法立論，但總統現在還享有動員戡亂時期臨時條款的授權，他的權力自較重大，但我是主張廢止臨時條款的，而它也是終將廢止的，所以不必與憲法規定混爲一談。

但臨時條款的廢止，不是一蹴可幾，它有一定的程序，而且其中例如第一條（我不稱它爲第一項）和第二條關於緊急處分的權力及其解除，目前尚有保存的必要，似可連同其他增修條文，仿照美國憲法的修憲方式，合訂爲「中華民國憲法增修條文」，增列在憲法全文之後，保全憲法原有面目，以備他日斟酌運用。

如果他日修憲結果，幅度較大和條文稍多，那也仍可新舊並列，美國憲法原有條文僅七條，但增修的卻多達二十六條，也無人加以非議。

至於另訂基本法，我以爲縱使言之成理，目前也非必要，況且爭執太多，代價太大，尚非所宜，這且不說，我還想把它留以有待。因爲不論我們喜歡或不喜歡，我預料臺海兩岸終將統一，但是過渡時期將會很長，毛澤東、周恩來和鄧小平都曾說過可能將需一百年（參閱拙著《危言危行邦有道》）。但鄧已經沒有耐性，我也預期不會那樣的長。那個過渡時期，我名之爲聯合階段——經過聯合以達統一。它（聯合）的模式或是邦聯，或是不列顛國協，或是聯合國。那時雙方一定需要一些規範和指導雙方關係和行爲的規章，我竊願把它名之爲基本法，不知讀者以爲如何。

歧途亡羊返求諸己

美國對於美國的總統制，我雖不鍾情，但我在那天的座談會卻曾談過一點，因爲我近來看了一本

美國新出版的 *The Fettered Presidency*。它寫美國總統的權力所受於法律的制衡很大很多，以致權力大損。例如他雖是三軍統帥，有對敵作戰以保國衞民的權力和職責，但國會在越戰之後制訂了「戰爭權力法」，限制總統祇可作戰六個月，屆時國會如不正式宣戰或明文授權，美軍必須終止戰鬥。那時尼克森總統雖予以否決，但未獲國會支持。美國總統其他權力，也常被制衡，難以發揮。所以固執如杜魯門，堅強如詹森和尼克森，都不能成爲強人或強勢的總統，卡特和布希更無論矣，而尼克森且因一個小小的水門案（特工夜入民主黨黨部去搜索文件），被法院訴追和衆議院彈劾，不得不鞠躬下臺。那樣的總統制，還有甚麼可歌或可怕呢！

如上所陳，後天失調而遍體鱗傷的美式總統制，既不足取，但我國今日如果效法英式內閣制，把立法院（國會）捧到天上，使其主宰政府，「君臨天下」，在此時此地和此人，也非所宜，所以我乃要求恢復我國憲法的本來面目，使總統和五院相制相衡而又相輔相成，以度過這個艱難歲月，然後再作長治久安的百年之計。

七十九年四月十七日

國民大會如何改組以修憲

憲法應由第二屆國民大會來修改，最爲順理成章。如果另立甚麼「修憲國民大會」的名目而特別選出一批修憲國大並另定其任期，那是治絲益棼，而且也缺乏「法源」，經不起國人或後世質疑。

我這個第二屆國大修憲的構想是這樣的：

配合資深國代明年年底的退職，以國大不足法定人數（剩下僅八十人）自須補足以完成體制爲理由，舉辦選舉，並名之爲第二屆國代選舉，依照新定辦法，選出足額代表，例如三百五十人，包括全國性不分區代表和海外代表，於八十一年年初舉行第二屆大會，修改憲法。

至於那時任期尚剩一年的現任增額代表（八十人），自可繼續行使職權，參與修憲工作；一年後任期終了，當然卸職，而因第二屆國大總額已經選足，他們的遺缺自不必補選。

但執政黨和政府應在舉辦第二屆國代選舉時儘可能鼓勵他們參加競選，以期能當選爲第二屆代表，更新任期。

如此，國大改革和修改憲法的工作可以畢其功於一役，法源最爲充分，程序最爲順暢，成本最爲低廉，值得採行。

七十九年八月一日

對階段修憲和國代退職的新想法

我一向贊成一機關兩階段修憲，但以取得國大代表支持爲前提，而且不宜強調，使國大代表感覺執政黨中央不重視他們的地位、能力和職權。現在國大代表已有這等反感，所以中央便不可再提兩階段修憲之說。

而且憲法既定有修改程序，祇須合此程序，隨時都可修憲，不得限以幾個階段，既不是一階段，也不是兩階段，而是多階段。

但以目前國大的結構而論，如由臨時會包辦修憲，不易獲得國人的諒解和信任，似可用議事技巧加以規範。我建議：

一、中央應讓國大代表自由提出修憲案，不加限制。

二、由國大臨時會的主席團將提案之有緊迫性者優先列入討論事項。等討論完成時，可能快到閉幕日期，則那些未及討論的提案自當擱置下去，以待下屆國大開會時再提，這樣可無兩階段修憲之名而收兩階段修憲之實。

至於資深國代的退職問題，在大法官會議第二六一號解釋公佈後，他們似乎非退不可。但這並非沒有爭論餘地。因爲該二六一號解釋把國代分爲兩類：不能執行職務者和尚能執行職務者，對不能執行職務者，該二六一號認爲應予以「解職」，而對能執行職務者則僅「終止行使職權」，而未予以「解職」。此詞此理可以深思。

準此而論，一般尚能執行職務的資深國代，在今年年底以後到第二屆國代選舉產生和開會之前，他們的任期並不屆滿，他們仍是國大代表（憲法第二十八條），祇是不能行使職權而已，那時他們如果要求繼續支領歲公費，而政府如果不給，法理上未必說得過去，所以有人揚言屆時要向法院提起給付之訴，那將成爲政治笑柄。

爲今之計，政府可以在今年底選出第二屆國代並於明年一月召開大會，那時資深國代的任期當然終止了。

八十年二月一日

以「但書」重整臨時條款

我的幾位教授老友好把我國憲法臨時條款譬作「違章建築」，所以主張予以拆除，「回歸憲法」，我則期期以爲不可。

臨時條款是由國民大會依修憲程序所修訂，自始就取得了合法的「建築執照」，所以難謂「違章」。但是臨時條款有些規定牴觸憲法，不足爲訓，如果情勢許可，我也主張予以廢止，無奈現在尚非其時。

像厠所必要的醜惡

因此也有人戲把臨時條款譬作厠所。厠所是一個醜惡的名稱，未見其物，先覺其臭，所以建築商竭力將它美化，而把它稱爲「WC」或「洗手間」或「美容室」，甚或乾脆不給名稱而在門口畫上一個男人或女人，以資識別。那樣的苦心孤詣，無非是因爲厠所有其功能，不能廢除。這是所謂「必要的醜惡」(necessary evil)。臨時條款便是這樣。

請以臨時條款第一條爲例。在制訂該條時，中共叛亂，舉國震驚，社會擾攘，民心浮動，政府不能不採取一些緊急處分，以度過難關。它包含兩種措施，戒嚴和緊急命令。它們原需經立法院通過，立法院也得將其解除。但這些限制，有時會緩不濟急或不切實際。於是臨時條款乃予以補救，授權「總統在動員戡亂時期，爲避免國家或人民遭遇緊急危難，或應付財政經濟上重大變故，得經行政院會議之決議，爲緊急處分，不受憲法第三十九條（關於戒嚴）或第四十三條（關於緊急命令）所規定程序之限制。」

又如臨時條款第六條授權「總統得依下列規定，訂頒辦法充實中央民意代表機構，不受憲法第二十六條、第六十四條及第九十一條（關於國民大會代表、立法委員和監察委員選舉辦法）之限制。」如果沒有這一條的救濟辦法，自由地區就不可能有行之多年的增額選舉和新選代表，則中華民國還成甚麼民主國家呢！

雖然如此，「必要的醜惡」畢竟仍是一種醜惡，上述兩條便嚴重違憲，如果非要不可，也須預防和減少它們的流弊。幸而臨時條款第一條，在制訂時似已有鑒於此，所以緊接著制訂了第二條：「前項緊急處分，立法院得依憲法第五十七條第二款規定之程序變更或廢止之。」這就是對第一條的「但書」，我以爲應該併入第一條，使立法原則和技術都較完整和周延。因爲總統的權力從而稍受立法院的節制，第一條的流弊，自能減少。這就是我所謂以「但書」淨化臨時條款的醜惡並將其留住的方法。

一、六兩條如何淨化

又如臨時條款第六條，也可用「但書」加以淨化和補救，該條創設的增額選舉，本是我早在民國五十六年所首先呼號和奔走的，二十餘年來任務已經完成，醜態隨而萌生，必須改弦更張，也就是必須改選全部中央民意代表，成立第二屆國會（國民大會、立法院和監察院），於是必須廢止臨時條款第六條，另訂全部改選的原則和方法。但這未必能爲資深國大代表所樂爲，他們正想保住該第六條，俾他們可以死守不退。他們受有大法官會議釋字第三一號解釋、臨時條款第六條和中央民代（不）退職條例的多種保障，他們的拒退心態自易了解，因而我們也未可深責。

在退和不退之間，在廢止和不廢止第六條之間，我建議以「但書」來協調，那就是留住第六條而在其後加一「但書」如下：

國會改選預留活結

「動員戡亂時期，總統得依下列規定，訂頒辦法，充實中央民意代表機構……（以下悉用現行原文，從略）

「但在動員戡亂時期，第二屆國民大會代表、立法委員及監察委員如能辦理選舉時，總統得依下列規定訂頒辦法，依法辦理，不受憲法第二十六條、第六十四條及第九十一條之限制：

一、國民大會設置全國性代表，其名額不得超過總額之四分之一，由參加自由地區國民大會代表本屆選舉之各政黨，依其得票數之比例，提出大陸籍國民充任之。

二、僑居國外國民應選出之立法委員及監察委員不能辦理選舉者，得由總統訂頒辦法遴選之。」

上列我私擬的修正「但書」條文，有四點須請注意：

第一、祇在國民大會設置大陸代表，立監兩院不再設置。

第二、大陸代表的名額祇有國代總額的四分之一。

第三、用政黨比例代表制產生大陸代表，而不由總統遴選或同鄉會選舉。

第四、授權總統審度時機改選中央民意代表，我期待總統在民國八十一年三個中央民意機構增額代表任期都滿時依據此項授權逕辦第二屆國會的選舉，以求一勞永逸。

此外，臨時條款第四條關於設置動員戡亂機構者，有人認爲不必也不宜有此一舉。但我以爲可以增訂這樣一個「但書」：「但總統所發佈之有關命令應經行政院院長之副署」，使立法院能夠本於監督行政院的固有職權去制衡行政院，以間接制衡總統，而行政院長如恐無法對立法院交代，自將愼於副署總統的命令。

拉住牛尾不讓狂奔

至於臨時條款第七條規定國民大會得行使創制、複決兩權，以制衡立法院，如不濫用，本無不可，而第八條規定，總統有不召集國大臨時會以行使兩權之權，則無異是第七條的「但書」，對第七條加以限制，我以爲雙方兼顧，恰到好處。如果再規定國大須每年開會行使兩權，則未免畫蛇添足了。

總之，牛如脫韁而逃，但牧童如能拉住牛尾，則牛或者尚不能狂奔而去。臨時條款的「但書」，猶似牧童的拉住牛尾，在護憲的原則上，不是聊勝於束手無策麼！

七十九年二月九日

修憲不能限以階段

憲法是活的，不是死的，是生長的，不是僵化的，所以它能，也要隨著時代的進步和人民的需求而修改，不能以一次（一階段）或兩次（兩階段）爲限，而有多次（多階段）的可能或必要。所謂「一階段修憲」或「兩階段修憲」這些說法應可改爲「多階段修憲」，以平息那些沒有多大意義的「階段」之爭。

守經達權保持法統

隨著大陸選出中央民意代表的老去以及臺灣新選代表的另有見解，我們的法統可能從萎縮而中斷。

我曾提供守經達權的做法，認爲它可能解決很多重大而困難的問題，法統也是一端。何謂法統？答案應該是中華民國現行憲法的維護以及守護憲法的政權之統治。這是大經大法，應該守住，但仍當達權，俾能守經。這達權之法包含兩項：

一、授權總統遴選四分之一的國民大會代表，其餘四分之三則由選舉產生。前者一定會擁護現行憲法，則憲政基礎便鞏固了。

二、但以臺灣地區人民爲立法對象而與法統並無血肉關係的立法院，則應完全由選舉產生。監察院委員也應選舉，不必遴選。

這個守經達權的制度，是以英國作模式。英國上院議員約九百名，除愛爾蘭的幾人外完全由英王派任，無一民選。而下院則完全民選，無一遴選。但上院對下院通過的法律祇有擱置一年不使匆促生效的權力，所以英制並不妨害民主，而爲人民所接受。

我這建議，希望在下屆國民大會用修改臨時條款的方法及時採行。

七十一年九月十七日

國是會議的重大問題

一、國是會議是一把牛刀，可以殺牛，也可以殺人，要看怎樣用法。稽諸英法兩國的憲法歷史，「國是會議」有害於皇室，卻有利於民主。至於在我國，從國難會議、盧山談話會、國民參政會、政治協商會議以及陽明山會談，對國家和政府都有好處（有人以為政治協商會議不利於政府，其實不然，那時政府的失敗，別有惡因，不應歸咎政治協商及其會議）。鑒於這些經驗，我以為這次國是會議自可舉行。但須妥為準備，善為應對。

常言道：「畫蛇添足」，「撥草尋蛇」，「騎虎難下」，英法兩國的經驗和教訓，要好好的引以為鑑，不可弄巧成拙，「畫虎不成反類犬」。

二、國是會議的討論題綱，可定為：1.憲政民主，2.政經改革，3.文化倫理，4.兩岸關係。

其中以政治改革特別是行政效率和政治風氣尤為重要，我建議李總統參考民國四十七年總統府行政改革臨時委員會的經驗，於今年七月設置臨時研究機構，在資政和國策顧問中指派若干人並增聘專家學者，就改進行政效率作專案研究。

至於文化倫理及其敗壞和脫序乃是目前最可憂懼的大事，不是政府所能獨立改善，而有賴於民間的羣策羣力，故擬在未來國是會議中先發其端，以期蔚爲風氣。

三、人選最傷腦筋。現在人才充斥，而且很多「智勇力辯」的人都想參與其事，所以國是會議的人數不宜也不可能過少，一百人必有遺珠之憾，將會引起反感。我以爲人數不妨增加，即使被看成「大拜拜」，也沒有甚麼不好。

但爲便於研究和結論，我建議在正式國是會議開幕前，先開四個研究會議，爲正式會議準備四個研究報告，以供其討論修改和採納。

研究會議由籌備委員會主持，另行遴聘一批政黨代表、社會賢達和專家學者在正式會議開始前一個月（五月）即應分組工作。

這種研究會議的人員可以被聘爲國是會議的成員，但非當然被聘。如此將兩批人士先後分別網羅，則國內人才庶幾可望沒有多大的向隅之憾了。

所以研究會議這個組織的作用，不獨具有技術性，也具有政治性，似乎值得考慮，以求體用兼備，皆大歡喜。

召開日期可定在本年六月，並在七月新年度開始前公布成果，作爲新總統和新政府的新猷和新政。

七十九年三月二十一日

反對國民大會一權獨大

民國二十八年九月，國民參政會第四次大會決議設置憲政期成會，由議長蔣委員長指定二十五人充任委員，主要任務是研討國民政府的五五憲草。第二年第五次大會討論該會提出的修正草案，簡稱「期成憲草」，它有一個特點——主張設置國民大會議政會，經我反對而撤銷。

民國二十八年九月，國民參政會第四次大會決議設置憲政期成會，由議長蔣委員長指定二十五人充任委員，主要任務是研討國民政府的五五憲草。第二年第五次大會討論該會提出的修正草案，簡稱「期成憲草」，又因它的特色——主張設置國民大會議政會，又稱「議政憲草」。

議政會是國民參政會憲政期成會的創見，要點如左：

一、國民大會閉會期間，設國民大會議政會。議政會議政員為一百五十人至二百人，由國民大會互選之。

二、議政會議政員之選舉，不依地域分配，但每省最少應有二人，蒙古西藏及僑居國外之國民，最少應各有三人。

三、議政會議政員之任期為三年，連選得連任，議政員不得兼任公務員。

四、議政會之職權如左：

1.在國民大會閉會期間，議決戒嚴案、大赦案、宣戰案、媾和案、條約案；

2.在國民大會閉會期間，複決立法院所議決之預算案、決算案；

3.在國民大會閉會期間，得創制立法原則並複決立法院之法律案，凡經議政會複決通過之法律案，總統應依法公布之；

4.在國民大會閉會期間，受理監察院依法向國民大會提出之彈劾案。

議政會對於監察院提出之總統副總統彈劾案，經出席議政員三分之二之決議受理時，應卽召集臨時國民大會，爲罷免與否之決定。

監察院對行政、立法、司法、考試、監察各院院長副院長之彈劾案，經議政會出席議政員三分之二通過後，被彈劾之院長副院長卽應去職。

5.議政會得對行政院院長、副院長、各部部長、各委員會委員長提出不信任案，經國民大會議政會通過時，卽應去職。

議政會對行政院院長副院長之不信任案，須經出席議政員三分之二通過，始得成立。

總統對於議政會對行政院院長或副院長通過之不信任案如不同意，應召集臨時國民大會爲最後之決定，如國民大會維持議政會之決議，則院長或副院長必須去職，如國民大會否決議政會之決議，則應另選議政會議政員，改組議政會。

6. 議政會對國家政策或行政措施，得向總統及各院院長部長及委員會委員長提出質詢，並聽取報告。

7. 接受人民請願。

8. 總統交議事項。

9. 國民大會委託之其他職權。

五、議政會設議長一人，副議長二人，由議政會議政員互選之。

六、議政會每六個月集會一次，但必要時，議長得召集臨時會。

這樣政權治權大小統吃的議政會的重大構想，我從未前聞，國民黨黨團也從未討論。我看了很不以爲然，在參政會大會即席發言反對。

我首先指出，理想的民主政治是全民政治，它的含義，依照孫中山先生的民權主義，是全體人民掌握選舉、罷免、創制和複決等四種政權稱爲直接民權，以制衡議會和政府，而政府所行使的五種治權，乃是間接民權。但因中國幅員廣大，人口衆多，人民不能直接行使政權，祇得選派代表代爲行使，五五憲草乃委託國民大會去辦。國民大會已經是代表制，然每縣代表至少尙有一人，總數可能在三千人以上，如果准國民大會設置議政會代表行使國大職權，那是代表的代表制，在人民言乃是間接又間接，顯然太不民主。

我又指出，我國的憲法是五權憲法，立法權是交給立法院行使。因爲它受行政權和司法權的制衡，於是不致獨裁專横。如果讓僅有一、二百人的議政會享有那麼廣大的立法權、創制權和複決權，則那個憲法勢必變成議政會的一權憲法，而不是五權憲法，政府和人民還能受得了麼！而且國民大會議政會的職權，竟大於它的母體（國民大會）。例如依照「期成憲草」，國民大會本身僅有下列職權：

一、選舉總統副總統，立法院院長副院長，監察院院長副院長，立法委員，監察委員；

二、罷免總統副總統，行政立法司法考試監察各院院長副院長，立法委員，監察委員；

三、創制法律；

四、複決法律；

五、修改憲法；

六、憲法賦予之其他職權。

國民大會不能議決戒嚴案、大赦案、宣戰案、媾和案、條約案，而它的議政會卻有權議決。又國民大會對行政首長沒有不信任權，而它的議政會卻可對行政院院長、副院長、各部部長、各委員會委員長，提出不信任案；行政院院長、副院長、各部部長、各委員會委員長，經議政會通過不信任案時，卽應去職。

我又辯稱：有人說，國民大會代表人數太多，而又分散各處，集會不易，所以不得不用代表的代表去代行職權。但我認爲現在交通方便，坐飛機最遠的地方也可朝發夕至，不必過慮。

而且國民大會果有大事須處理，代表本人勢必趕到首都來開會，來親自行使職權，而不願放棄職責，讓他們的代表去代辦。所以這個議政會的構想，將來未必能爲制憲或行憲的國民大會所接受。

事隔四十餘年，我對那場大辯論，雖記憶猶新，但上引的話，還不是我的全部意見。我曾試找發言記錄，但迄無所得。

該案討論結束後，蔣議長提出處理辦法兩項，經大會無異議通過，如下：

議長交議：本會憲政期成會草擬「中華民國憲法草案修正案」及建議案：

決議：

一、本會憲政期成會草擬之中華民國憲法草案修正案暨其附帶建議以及反對設置國民大會議政會者之意見，併送政府。

前項反對意見，由秘書處徵詢發言人意見後予以整理。

二、參政員對於憲政期成會修正案其他部分持異議者，如有四十人以上之連署，並於五月十五日以前送本會秘書處，由秘書處移送政府。

第二天晚上，陳布雷先生電話約我去談香港情形，那時我在香港辦報，回渝開會。他告訴我：「方才我看到委員長，說你昨天在參政會發言反對議政會，舌戰羣儒，說得很好。他說可惜我沒有去聽，他要我請你對我再講一遍。」

後來政府研究結果，對議政會的構想不予採納。在政治協商會議中，本來倡議或支持該構想的各黨各派代表，也沒有重提舊事。議政會那個怪胎便那樣流產了。

二六一號解釋的後遺症

四十餘位資深國大代表向監察院檢舉大法官會議第二六一號內容違憲，並要求監察院提案彈劾大法官案，監察院已決定輪派青年黨籍監委趙純孝和執政黨籍監委黃光平調查大法官會議二六一號解釋是否違憲一事，引起外界爭議，一位記者撰文指謫「監察院無權解釋憲法，若針對釋憲文進行調查，即有重新釋憲的意味，已僭越應有職權」。筆者爲平息社會對這些學者、教授謬論的不滿情緒，特採刊對監察權極爲淵博，並曾對世界各國監察制度深有研究之前監委、現爲國策顧問之陶百川氏的卓論於後。他很鄭重的說：

一、在民主法治國家，沒有任何官員的行爲可以免於被制衡或被糾問，因爲任何人都可能違法失職，在我國這個糾問調查的職權落在監察院。

二、大法官會議對憲法的解釋，固然是最終的和不受干涉的，但它的解釋可能是錯誤而需要改正的，甚或枉法而須受彈劾的。前者應由大法官會議自行改正，而以新解釋變更或廢止舊解釋，以資救濟。大法官會議曾以決議建立這個自行糾正的程序，而且有例爲證。監察院負有彈劾違法失職的責任和權力，對於大法官違法（違憲）的解釋自可加以調查以期發現眞實，並於必要時將其調查意見送請司法院研究處理，這樣作法，自無不可；至於發現大法官會議故意作出枉法的解釋，監察委員不獨可以而且應該予以彈劾，以資救濟並肅官箴。

三、以監察院這次調查國大代表檢舉的大法官會議釋字第二六一號解釋而論，它要求第一屆中央民意代表須在民國八十年十二月三十一日前退職，這個強制規定至多似可適用於立監委員，但國大代表則因受有憲法第二十八條的保障（每屆國民大會代表之任期至次屆國民大會開會之日爲止），大法官會議無權強其在次屆（第二屆）代表尚未產生及集會之前卽行退職。這是四十幾位國大代表所以反彈的主要論據，大法官李志鵬先生的「不同意見書」也持此旨。然乎否乎？監察院自得也應加以調查。調查並非由監察院推翻該解釋而自行解釋，也不是逕予彈劾，調查祇是探求眞相，以爲處理該案的依據而已。

此外，解決資深民代退職問題，本有一個妥善的辦法，就是在民國八十一年增額民代任期屆滿時舉辦第二屆民代的選舉，使現任資深和增額民代一併解職，並參加新代表的選舉，這較二六一號解釋要求的時間雖多了一年，但也祇是一年而已，我們何須吝惜這一年而引發擾攘不安的平地風波呢！

其實，大法官會議大可換一個立論的對象，不要對準資深民代，強制他們在八十年底前一律去職，而應對準政府，要求它在八十年底前舉辦第二屆民代的選舉，則他們集會之日資深民代當然解職了。

而且實施憲政改革，我們尚須借重那些資深國代，政府不宜相煎太急，因爲改革憲政，首當選舉第二屆民代，以改造國會，而辦理新選舉自須先修改憲法第二十六條、第六十四條和第九十一條關於民代名額等規定。過去是用臨時條款第六條將其凍結，但它僅適用於增額民代的選舉，他日新選第二屆民代，自須另訂條款，以爲規範，這就須假手於資深國代，由他們以修憲程序凍結那三條憲法和一條臨時條款，並增修一條：「其選舉以法律定之」或授權總統爲之。

外傳政府將在明年（八十年）春季召集國大臨時會完成上述修憲程序，則第二屆民代的選舉便可在明年年底前舉辦，並舉行新的會議，則資深國代和資深立監委員那時就得依法去職。但這將涉及現任增額民代的地位問題，因爲他們那時尚有一年任期，當然不會與資深民代一起退職，而他們人數過少，例如國大僅七十餘人，不足開會的法定人數，不宜行使整個職權，而國會又不可虛懸一年，這就是我所以一向認爲欲速則不達，並主張在八十一年底增額代表任期屆滿時方可舉辦第二屆民代的選舉。現在政府堅持快速，自會留下這個後遺症，不免又須傷點腦筋了。

憲政改革須務實又務本

論表決制內閣制和「總統主席」制

——並呼籲不要再作無謂而有害之爭了

《中國時報》編輯部鑒於近來國民黨內部政見分歧，派系紛爭，而且到了驚心動魄的程度，一再希望我發表意見。我忝爲政治評論家，不敢避而不言。這是本文的由來。

票決使人不負責任

讓我先談上次臨中全會中的總統候選人選舉方式之爭。一方是主張起立表決，後來被稱爲「起立派」或「主流派」；另一方是主張投票表決的「票決派」或「非主流派」。但我對那次爭辯，認爲祇是理念之辯，還不是派系之爭（請參看拙作〈防止派系鬥爭完成三大任務〉）。至於表決方式，兩者都不理想，我主張最好採用點名表決，以示負責，並讓社會科以責任。有人會說，那將使表決者的意見澈底透明，從而心生畏懼，不能大膽表達其意思，有違自由表決的精神和價值，殊非民主之利。我則以爲普通老百姓面對權勢，投票應讓他保持秘密，免生畏懼，但作爲最高權力或意思機關的成員，例如政黨的中央委員或議會的議員不應任其有所畏懼而不敢負責表示其意思，從而讓他躲躲藏藏，鬼鬼祟祟。

或者有人會辯駁：這祇限於對事的表決，如果對人的選舉，那就得採秘密投票方式了。我以爲卽使對人問題也當公開表示。我們都知道，監察委員的彈劾文及其懲戒書，法院的起訴書及其判決書，都是很得罪於人的，然而經辦人的姓名都須公開於衆，不能隱匿。國民黨的中央委員的愛黨之深和負責之重，自必勝於常人，然則何得任其將其行爲和責任躲藏於秘密選票之後，以誘發其自私自營的心態呢！

我說這話，純粹本於書生的知識和良心，就事講理，絕無人身批評之意，當荷鑒諒。

內閣制及其可行性

現在來論近來幾位著名人士所談論的總統制和內閣制。這包括三個層次：我國憲法怎樣規定？現在政府怎樣運作？以及怎樣走向內閣制或總統制？這可用內閣制的要素來衡量。它包括左列三項：

第一、內閣的首長以及閣員例須由國會（在英國爲下議院）議員兼任，並對國會負責。

第二、內閣例須由多數黨推人組成，如無一黨獲得國會的多數議席，則可由數黨聯合湊足多數以組閣，否則也可由擁有較多數議席的一黨單獨組織「少數黨內閣」，任其執政到遭受不信任爲止。

第三、國會對內閣有不信任之權，國會如對內閣通過不信任案或否決內閣的重要政策而經認爲對它不信任時，內閣便須辭職。但內閣也可解散國會，重辦大選，以取決於民意（稍暇我當再寫一文加以詳論）。

據此以論我國的中央政制。我國憲法包含臨時條款在內，行政院（姑視爲內閣）的院長和政務委員不獨不必擔任，而且禁止兼任，視同國會議員的立法委員。

其次，行政院長不必經過選舉，擁有民意基礎，而得由總統自由提名一人以徵求立法院同意充任。

最後，也是最重要的，立法院對行政院沒有不信任權，相對的，行政院或總統也不能解散立法院。至於憲法第五十七條規定行政院對立法院的覆議必須接受或辭職，與內閣制的不信任案迥不相同，無須詳釋。

依此推論，我國沒有施行內閣制的憲法基礎，除非在憲法上大動手術，而這在目前是必不可能的，所以討論本案並無實益。而且內閣制通常稱爲「國會制」（Parliamentary system）我國如果實施內閣制，行政院（內閣）勢必等於是立法院（國會）的一個委員會，必須聽命於立法院，這在目前國會結構和政治風氣的條件下殊不適宜，所以不宜再加討論，以免徒亂人意，有害於國家的安定和社會的和諧。

總統宜兼黨主席嗎？

至於所謂總統制，以美國爲例，我國施行的「五權制」，與它相去尙遠，所以根本不是總統制，也沒有人要求採行總統制，我因而不必無的放矢。

現在應該輪到總統兼任國民黨主席（我名之爲「總統主席制」）的問題了，我感慨很多。這是目前黨內爭執的一個大問題，我有資格多說一點，可是本文已長，我不應再寫下去，現在祇想先行交代一句：我一向反對兼任，可是鑑於「形勢比人強」，現在卻主張有條件地讓李主席留任。理由何在？條件爲何？「且聽下回分解」。

七十九年三月四日

化解派系鬪爭完成三大任務

對於國民黨十三屆臨中全會的爭執，我身爲中央評議委員正好在場。我不知道那場爭執究竟是理念的辯論，還是派系的鬥爭？是突發的事件，還是預謀的事件？我難做結論。

那天我參加了中央評議委員會議，評議委員會的召開是在中央委員全體會議之前。上午十點鐘是討論推舉甚麼人爲總統候選人，另一個是副總統候選人要不要推舉以及推舉甚麼人做副總統。關於第一個問題推舉何人爲總統有列在議程中，副總統如何產生則沒有列上，但是當然可以討論。這對一個鐘頭後發生在中央委員全體會議中關於總統、副總統產生方式的爭執，究竟是突發的或是預謀的事件，可以有一些參考價值。

爭執是派系鬥爭麼？

那天臨評全會開會時，先有四位評議委員登記發言，一致主張推李登輝先生爲總統候選人，全體就一致通過，非常順利。關於副總統候選人問題，我在到會場時就有一位評議委員將一份提案要我簽名共同提出，我當即婉謝。提案主旨是照第一任副總統候選人選舉方式，自由競選，中央不要提名。但該案到會議結束時始終未見有人提出來而會議也就散了。

中評會臥虎藏龍，人才濟濟，近來很受注目的滕傑委員便是其中之一。所以我有理由可以推測，後來發生在臨中全會的選舉風波如果眞如所傳是預謀的，則臨評全會不會那樣一點沒有波浪。

我相信國民黨的權威統治到現在結束了僅兩年，那些被認爲非正統的人都很懂得分寸、也尊重黨的倫理，當年不僅擁戴李登輝先生當總統還兼黨的主席，他們更不至於那麼快的離開黨的正統路線。

國會怎樣全面改選

但是卽使沒有那次的爭執，黨也非大改革不可。所謂「國民黨要何去何從」，就是它所領導的政治要走甚麼路線。我認爲第一條必須民主化，就是「黨政民主」，也就是回歸憲法的民主。憲政民主第一是國會結構要好好的改革。大法官會議釋字第三十一號規定，資深中央民代繼續行使職權，但未延長他們的任期。後來臨時條款第六條規定，資深代表和增額代表共同行使職權，增額代表須改選，老代表則不必改選。退職條例更以退職自願爲原則。可以說資深代表的法律基礎十分穩固，難怪他們不肯退職。這次國民大會全聯會修訂臨時條款，主張第六條還是保留，不願刪除。

面對這種強大的反民主潮流形勢，除非革命，而這又是形勢所絕不許可的，我不得不建議，第六條不妨保留，但是必須由這次國民大會或明年的臨時大會，在第六條中增加一個「但書」，規定如果第二屆國民大會代表，立法委員和監察委員的選舉可以舉辦的時候，總統得訂頒辦法舉辦第二屆中央民意代表的選舉。而照憲法的規定，第二屆中央民代選舉出來和就職了，現任資深民代當然解職。我特別建議，國民黨必須使出全力，和老代表做一個交換，以增加這個「但書」，為憲政民主留一活結。如能如此，我預料民國八十一年全體中央增額民代任期屆滿而改選時，第二屆中央民代就可選出，資深民代當然都得解職了。

怎樣完成地方自治

憲政民主的第二項課題就是完成地方自治。我主張依照憲法，省市首長都得民選。市長民選比較簡單，省長民選就麻煩了，要經過四個程序，第一、中央政府先要訂一個「省縣自治通則」，由立法院通過，總統公布。第二、中央政府根據自治通則訂頒「省民代表大會組織條例」，這也要立法院通過和總統公布。我希望在民國八十二年這些都能訂出來。第三、然後八十三年省民代表大會能夠開會，訂出「臺灣省自治法」，規定省長民選辦法。第四、最後在民國八十四年選舉首長，完成自治。

這裏有一嚴重問題，就是省長如何選法。依照憲法，省長應該民選，但很多人顧忌直選會形成尾大不掉，甚至形成「省獨」。諸位看見一家大報所辦刊物在怕「縣獨」麼？由於六個縣政府擅自宣佈上班五天，形成「縣獨」，臺北縣的有些鄉鎮公所也在醞釀要發表「獨立宣言」，宣佈每週上班四天。因爲他們認爲，縣可以不服從省政府，鄉鎮市公所當然也可自由行動。則將來省長直選可能得到六或七百萬張，較之於總統選舉之僅得國大代表的六或七百票，爲省長者豈不可自認擁有較多民意而形成「省獨」麼！

行政當局於是反對省長直選，而主張由行政院提名，交省議會同意產生之。但我認爲這將牴觸憲法，而且授予省議會對省長的控制權，將使省長受制於省議會，殊非所宜。於是我在三年前省議會一次聽證會中反對這個設計。

國家統一要像婚姻

但是省長民選也有許多顧慮，例如選風敗壞，難以選出適當人才，我於是主張模仿美國總統的「選舉人團」，由人民選出代表，而由代表選舉省長。這也是一種民選的方法。誰說美國總統不是由選民代表所選舉，又有誰說美國總統不是民選的！我建議這個選舉方式可以由選民在自治法中明文規定。而因省民代表的任務祇是制定自治法和選舉省長，這兩個任務完畢後，代表資格就消失，不致對省長形成長期控制。

至於臺北和高雄兩市市長的選舉比較簡單，祇須依據憲法規定，由中央制定「市自治法」。

我建議，在民國八十一年中央政府訂頒臺北市和高雄市的自治法，規定市長民選，八十一年舉辦國會選舉時，就可一起選舉，以完成中央和地方的民主憲政。

另外一個重要問題就是國家統一，也可說是統獨之爭。這個問題如果不解決，不僅政治民主化的腳步會停止不前，恐怕國家和社會都會遭受不幸。我曾寫過一篇文章〈假使統一像婚姻〉，我希望統一能像婚姻一樣的「有情人都成爲眷屬」，但不可搶親、騙婚和退婚。

七十九年二月二十七日

（記者附註：後來陶百川委員更向記者提及另一論據。他說，臨評全會散會後，接開臨中全會第一次會議，討論總統副總統候選人選舉辦法，共有七人發言，五人主張以起立選舉總統，而以舉手選舉副總統，一律不用票選，但有二人主張票選。於是大會主席倪文亞先生詢問他們二人可否不要堅持票選，二人並未答話，全場乃掀起掌聲，大會主席就宣佈刪去票選，也無人起立發言，表示異議，討論乃「圓滿」結束。陶百川於是對記者說，如果後來第二次會議選舉方式爭執是隔夜預謀好了的，則第一次會議不會那麼平靜了。但陶委員也聲明，他不是政治內幕中人，所知不多，讀者對他的內幕管窺，不妨半信半疑。）

「政通人和」諍言

我在《天下》雜誌二月十七日「對李登輝總統的期許」的座談會中，向李登輝總統提供「政通人和」的諍言：

第一、我贈他一個「大」字。這本來是我贈給蔣經國主席的。在民國六十五年經國先生當選國民黨主席時，我遠從美國馳書對他說：

「島國孤懸海中，足以自保，此爲優點。然易導致苟安而無遠圖，孤立而無大志，馴致眼光淺短，胸襟狹小，觀念陳腐，思想保守。此爲革命建國之大忌。」

「所幸『事在人爲』、『人傑地靈』，於是領導乃益見重要。針對島國狹小之弱點，似宜藥之以『大』。例如爲政當格外尊重『大信』，取才當格外『放大圈子』，對人當格外『大度包容』，對事當格外『照顧大衆』。凡此皆屬常談，而此地此時，則須格外勉爲其難。」

在《天下》的座談會，我據以引申，爲李總統指出「大」的道理和方法：要「有容乃大」，要「能忍乃大」，要用「以小事大」的心態去「以大事小」乃大。

第二、同時，我呼籲李總統要在用人方面自我節制。我指出，總統的權責在憲法中是列舉的，範圍本來不大，剩下來的權責都屬於五院。以人事而論，總統可用提名方式選用的官員僅為行政司法考試三院的院長、大法官、考試委員和審計長等數十人而已，而他們都尚須徵求立法院或監察院的同意。但臨時條款則授予較大的人事權，且因兼任黨主席，他的人事權力乃大為擴張了。政治紛爭，人事是一大因素和禍根。在現行制度不能一下子變更時，我呼籲李總統能自我節制，並著手回歸憲法，以減少衝突。

但是僅在李總統方面下功夫，尚嫌不夠，所以最近八大老奔走於「主流派」與「非主流派」之間所從事的整合運動，乃重視李總統應否兼任國民黨主席問題，非主流派要求黨政分離，總統不兼黨主席。但我提出一個較高層次的和最基本的主張，認為國民黨首應民主化，則它的主席，可能因而虛位化，套用武俠小說一個術語：廢掉它的（革命）武功，則誰做主席都可望政通人和。

國民黨一直是一個革命黨，九十六年來並未大變，它的黨魁，不論名為總理或總裁或主席，都是威嚴顯赫，大權獨攬，但黨內也不斷地引發衝突，爭奪權力。蔣經國主席運氣最好，安渡晚年，李主席看來沒有那種好運了。

但這不是人的問題，而為制度所決定。如果「革命」「專政」的黨的制度不改變，則黨主席無論由行政院長或考試院長兼任，或把姓李的換為張三李四，而因「人在江湖，身不由己」，而且權力使人發狂，他照樣會大權獨攬，從而激成權力鬥爭。

所以拔本塞源，我以爲祇有變化國民黨的制度和性質，做到民主化。那時黨主席就得像英國女皇和日本天皇以及英美式政黨的黨部及其主席，不攬政治，不弄權力，而由總統和五院院長依遵憲法分別運作，則誰做黨主席都不能弄權作威，於是李總統就不必兼任，而各路英雄好漢也可望不會因爭做黨主席而興風作浪了。

七十九年三月一日

國民黨的選舉挫折和黨務革新

在上月二十日一次懇談會中，我聽到陳立夫先生說，他在四十多年前曾請示蔣總裁：國民黨的組織原則在蘇聯模式和英美模式兩者之中應該何所取捨。那天蔣先生忙於他事，未卽答示。

英美模式精義所在

我從而回憶五十餘年前，我在美國求學之餘，曾留意於政黨問題，研究了英美、蘇聯和納粹三種模式，並赴柏林和莫斯科親自考察。我認爲納粹模式最不可靠；蘇聯模式雖具威權，但不能也不可取，現在共黨敗象畢露，自更無效尤之理；而英美模式則可大可久，是我國應走和可走之路。

以美式政黨爲例，美國兩黨都把黨員分爲兩種，無以名之，我名之爲「幹部黨員」和「贊助黨員」。前者都納入黨部或所謂俱樂部，授有「黨證」。後者祇須在大選時投票給該黨候選人，而這種贊助黨員，兩黨各有三、四千萬人之多。

我以爲國民黨現在不能希望全體黨員都是積極分子或「幹部黨員」，黨性堅強，唯命是從，從而黨部可以認爲「黨紀似鐵」，可以揮來使去。如果如此，則國民黨可能迅速成爲「孤家寡人」的少數黨了。

反對辦黨員總登記

但幹部黨員則不然，他們必須以黨爲己任，精忠報黨，而黨也應視之爲「國士」，做到所謂「安危他日總須仗，甘苦來時要共嘗」。這種黨員不僅是黨工，而黨工的人數畢竟太少了，我建議黨應在贊助黨員中選拔大批「義務幹部」，他們留在各行各業中，深入民間，力量自必較大於一般黨工或黨員，應該成爲黨的骨幹，黨應好好地予以關切、培養和任使。他們的優劣能夠決定整個黨的利害。

對於一般的「贊助黨員」，黨不能期望太多，責備太甚，從而人數應求也能求其多。據說國民黨的黨員，有一半與黨失去聯絡，我以爲不必因此過分悲觀，因爲尚有半數忠於該黨。如果把全部黨員增爲一千萬人，打個對折，也尚有五百萬人之多，則選舉不是能夠大勝特勝麼！

因此，我不贊成有人建議國民黨要再辦黨員總登記。所謂黨員總登記，是要撤銷全體黨員的黨籍，他們如想再做黨員，必須重行宣誓，效忠於黨，然後，由黨部加以審查，經其核准，方准恢復黨籍。我恐很多黨員將會因此脫黨，而那些投機分子則仍能設法取得和利用黨籍以自私自利。

選舉挫折非戰之罪

我想有人所以想再辦黨員總登記，無非因爲上次三項選舉的挫折，而想把黨徹底改造。但我認爲上次選舉「雖不完美，但有進步」，因而「雖不滿意，但可接受」。我們不可苛責一般黨員和黨工，包括組工會關中前主任在內，他們各有苦勞，不可一筆抹煞。

至於上次選舉挫折的原因，我以爲是政治積弊太深、太重，選民乃以選票來算帳，並想扶植各黨各派以期制衡政府，而制衡乃是政黨政治所必需，好像天空中的風雷，如果不太厲害，而且預防得法，對人類反而有益。

我早就預料，他日雨過天青，祇要政府能夠煉鐵成鋼，人民就能欣然來歸。但關鍵是黨必須更民主化，包括它本身的組織和運作以及它所領導的政府和政策。

舉一個淺近的例子，因爲立法院在上一會期，「不務正業」，任意延誤了四個重要法案，有人問我：立法院應如何尊重並支持行政院？我以爲立法院應該尊重並支持行政院，但行政院應該率先尊重並支持立法院。辦法之一，是行政院和執政黨中央不要對立法院輕率干涉。例如把「衞生」字樣置於「社福」之前或之後，這種文字修改，與政策毫無關係，立法院如何決議，行政院或中央黨部不必計較。

尚有好於民主者乎

但立法委員來自民間，品質不齊，行政院「得理不讓人」，不可過分遷就。雙方如有爭議，不能協調，似可酌用憲法第四十四條，請總統召集雙方會商解決之。

於是我想起了監察院對行政院俞鴻鈞院長的彈劾案。如果那時中央黨部不對監察院橫加干擾，而以民主方法爲兩院溝通協調，則該案不致發生。後來中央黨部反而責怪監察委員違背黨紀，欲加之罪，並想再辦黨員總登記，清除異己；幸而不久知難而罷，我們一部分人乃得保住黨籍，而黨也逐漸民主化。

民主本來不是最好的政治制度和方法，但是迄今還沒有比它更好的。凡我朝野必須爲它加倍努力！

七十九年

總統選舉的四個模式

世界主要國家選舉總統的方式，有四個模式最可重視：

直選抑或間接選舉

一是法國。一般人多說法國總統是由選民直接投票所產生，其實他是由「議員、省議會議員、海外領土議會議員及鄉（市）議會選出之代表所組織之選舉團選舉之」。（第五共和憲法第六條）

二是美國。美憲規定：各州應依照各州議會所定程序選出（總統和副總統的）選舉人若干名，其人數與該州所當選派於國會的參議員和衆議員的總數相等。選舉人應集合於所屬的州投票選舉總統和副總統，將票櫃送達聯邦參議院開票，得票最多者即分別當選爲總統或副總統。

但此有須注意者：此項選舉人並非都是選民投票所選出，有些州的選民祇投總統的票，不對選舉總統的選舉人投票，後者是由總統當選人及其黨部所預先指派，所以他們一定會投票給該總統當選人，因而理論上自會符合選民的意思，這也可以名之爲「委任代表制」。

美國選民在全國大選投票時本來已經選定總統和副總統，但那祇是第一道手續，雖然具有實質意義，但仍須履行第二道手續，由各州選出的選舉人再投票，予以確定。這是爲了保護小州的利益，免爲大州所包辦。因爲在第一道選舉時，總統的人選完全取決於選民人數的多寡，例如加州有一千多萬人，而夏威夷州祇有數十萬人，總統人選勢必爲大州所控制，所以尚須經過第二道手續予以確認，而那時的選舉人總數共僅五百餘人，夏威夷那個小州因而也可佔四人，自較公平。

三是蘇聯。它今年初次採取總統選舉方式，戈巴契夫總統是由人民代表大會選出，任期五年，但憲法規定下任總統應該民選。

四是中華民國。總統由國民大會選舉，如果增辦委任代表制，則可防止國大代表濫用職權，違背民意。但國大代表如果「一朝權在手，就把令來行」，而選舉又是秘密投票，則委任代表制未必就能保證國大代表一定能受民意的約束，美國就發生過這個差錯，則總統候選人勢必仍須多辦一次對國大代表的競選運動了。

何所選擇先宜審愼

由於國是會議主席團最初傾向總統改爲普選（直選）產生，一般觀察家因而誤認爲兩黨都喜歡普選。如果眞的普選，李總統的任職期間可有三種選擇：

一、總統普選即使實施，也將是李總統現任六年期滿以後的事，他可做滿六年，如連任一次，可做十二年。

二、如果三年後新制規定李總統也須照新制改選（普選），則他與李副總統的第八任任期就得提前結束，重行參選。但在做滿第九任後，因已連任一次，不得再連。

三、我以爲新制不致規定中途結束李總統的任期，但他如果自願改做較有民意基礎的普選總統，自可自動辭職而參選，但李副總統必須與他同退，否則李副總統自可繼任總統，而普選當然不能舉辦了。

行政立法兩院制衡方式的新構想

依現行憲法第五十七條，行政院對立法院的兩類決議原則上都須服從，它雖可經總統核准提請立法院覆議，但立法院如予以拒絕，則行政院仍須接受（服從）該原決議，否則行政院長便須辭職，而因立法院不受解散，新行政院長仍須服從，故其辭職可謂毫無意義。是則兩院名雖平等，但行政院顯居劣勢。

以此與總統制或內閣制（亦稱國會制）相比較，例如在英國，國會雖有倒閣之權，但內閣也可解散國會，以嚇阻和節制國會濫用權力，它們兩者是平等的，也是公平的，因而乃能和平共存。

至於在美國，總統可以反對國會的決議，而以否決權要求國會予以變更，國會當然可以拒絕，總統必須接受，但他不須辭職。這也比較公平。

但在我國，行政院（連帶著總統），對立法院的決議必須服從，否則行政院長便須辭職，而且依據同一法理，新院長仍須服從。

所以無論以內閣制或總統制來衡量，我國現制，都有未妥，所以中央黨部研究小組目前乃想授行政院長以解散立法院之權。這是公平的。它將有類於內閣制。

但這是否妥適，能否實現，茲事體大，尚可斟酌，我以爲不如改採美國制，即：行政院長可以要求立法院覆議，如遭否決，行政院長便須接受該原決議。

總結：於是可有甲乙兩案：

甲案：仿效美制，刪除現行第五十七條中的兩個「或辭職」；

乙案：採納中央研究小組的建議，增訂「行政院長得報請總統解散立法院」。

但我比較喜歡甲案。

七十九年六月二十一日

立法院行政院應如何互相尊重

我以爲立法院應該尊重並支持行政院，但行政院也應而且應率先尊重並支持立法院。辦法之一，是行政院以及它背後的執政黨中央黨部不要對立法院多所干涉，例如把「衞生」字樣置於「社福」之前或之後，執政黨不必過問，行政院更不必堅持，而可取決於立法委員，因爲這種文字修改之爭，與政策毫無關係，所以爲智者所不取也。

甚至把大陸事務委員會或體育委員會可否直接置於行政院，出入也不重大，立法院如有決議，行政院，尤其中央黨部大可不必計較。

但立法委員來自民間，品質不齊，行政院得理不讓人，不必過分遷就。雙方如有爭議，協調無效，可以酌用憲法第四十四條，由總統召集雙方會商解決之。

七十九年一月二十二日

立法院不得審議省組織條例的嚴重後果

報載大法官會議可能認爲立法院不得審議省組織條例，理由是憲法第一百十三條第三項規定：「屬於省之立法權，由省議會行之」，立法院如果越俎代庖，便是違憲。這樣的認定，不獨違法，而且違憲。我曾寫〈從省組織法到省自治法〉一文，附供參考。這姑不說。

如果大法官會議眞的這樣解釋，則憲法第一百零九條規定的左列十二款事項，立法院都將不得審議，而都須由省議會立法了。那十二款事項包含很廣，請看左列：

一、省教育、衞生、實業及交通。

二、省財產之經營及處分。

三、省市政。

四、省公營事業。

五、省合作事業。

六、省農林、水利、漁牧及工程。

七、省財政及省稅。

八、省債。

九、省銀行。

十、省警政之實施。

十一、省慈善及公益事項。

十二、其他依國家法律賦予之事項。

這樣重大的和廣大的權力和任務，省議會和省政府現在就能負擔得起麼？對動員戡亂的國家大政是有益抑或有損呢？

這些法律的和政治的理由，大法官可能也都知道，但他們想以解釋來逼使政府實施省的「完全自治」，於是不願顧及解釋的可能性，用意也未可厚非。

魚與熊掌，既然不能得兼，我建議大法官應從長計議，不可率斷和速決，而且要以四分之三的多數來通過解釋案，目前也有困難，看來也祇好暫擱一下了。

陶百川全集

一　開宗明義　橫看側看
二　爲自由呼號
三　爲民主呼號
四　爲法治呼號
五　爲人權呼號
六　爲洗冤白謗呼號
七　爲改革開放呼號
八　爲造勢圖強呼號
九　爲公義私德呼號
一〇　爲端正政風呼號
一一　爲整肅官箴呼號
一二　爲遏制圖利呼號
一三　爲溝通安和呼號
一四　爲兩岸共存呼號
一五　爲三聯統一呼號
一六　臺灣還能更好麼

一七　走向天堂也向地獄
一八　政治緊箍咒與安全瓣
一九　政治十字架
二〇　臺灣經驗源頭活水
二一　臺灣經驗他山之石
二二　臺灣經驗統一大道
二三　臺灣經驗和平演變
二四　訪美觀感
二五　探索美國對華政策
二六　天下大勢冷戰低盪
二七　中國勞動法先聲
二八　三民主義與共產主義
二九　比較監察制度
三〇　監察的新經驗新發展
三一　困勉強狷八十年

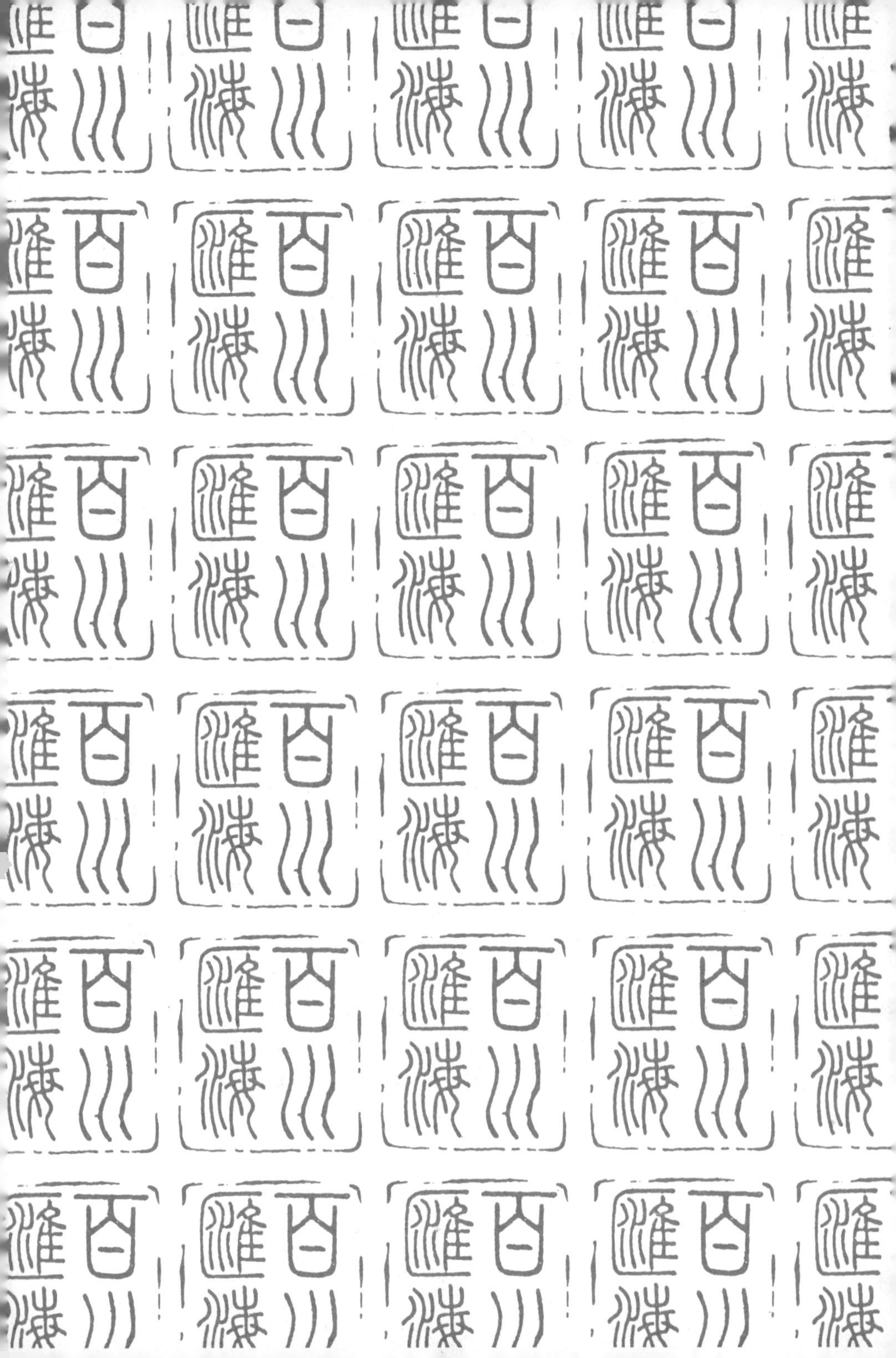
百川匯海